BENJAMIN STODT, ELISA WEGMANN, MATTHIAS BRAND
GESCHICKT GEKLICKT?!
ZUM ZUSAMMENHANG VON INTERNETNUTZUNGSKOMPETENZEN, INTERNETSUCHT
UND CYBERMOBBING BEI JUGENDLICHEN UND JUNGEN ERWACHSENEN

Schriftenreihe Medienforschung
der Landesanstalt für Medien
Nordrhein-Westfalen

Band 78

›lfm:

BENJAMIN STODT
ELISA WEGMANN
MATTHIAS BRAND

GESCHICKT GEKLICKT?!

ZUM ZUSAMMENHANG VON INTERNETNUTZUNGSKOMPETENZEN,
INTERNETSUCHT UND CYBERMOBBING BEI JUGENDLICHEN UND
JUNGEN ERWACHSENEN

LfM-SCHRIFTENREIHE MEDIENFORSCHUNG

78

Bibliografische Information der Deutschen Nationalbibliothek
Die Deutsche Nationalbibliothek verzeichnet diese Publikation in der
Deutschen Nationalbibliografie; detaillierte bibliografische Daten
sind im Internet über http://dnb.d-nb.de abrufbar.

Herausgeber:
Landesanstalt für Medien
Nordrhein-Westfalen (LfM)
Zollhof 2
40221 Düsseldorf
Tel.: 0211 / 77 007 - 0
Fax: 0211 / 72 71 70
E-Mail: info@lfm-nrw.de
Internet: www.lfm-nrw.de

Redaktion: Meike Isenberg, LfM
Lektorat: Judith Zimmermann, VISTAS Verlag

Copyright © 2015 by
Landesanstalt für Medien
Nordrhein-Westfalen (LfM), Düsseldorf

Verlag:
VISTAS Verlag
Judith Zimmermann und Thomas Köhler GbR
Lößniger Straße 60b
04275 Leipzig
Tel.: 0341 / 24 87 20 10
E-Mail: medienverlag@vistas.de
Internet: www.vistas.de

Alle Rechte vorbehalten
ISSN 1862-1090
ISBN 978-3-89158-618-1

Umschlaggestaltung: disegno visuelle kommunikation, Wuppertal
Satz: Schriftsetzerei – Karsten Lange, Berlin
Druck: Bosch-Druck, Landshut

VORWORT DES HERAUSGEBERS

Für Jugendliche und junge Erwachsene ist der Umgang mit dem Internet eine Selbstverständlichkeit: Sie chatten per WhatsApp, kommunizieren und informieren sich über Instagram und Facebook, googeln für Referate, hören Musik bei Spotify, schauen bei Netflix ihre Lieblingsserien und halten die schönsten Partymomente mit der Smartphonekamera fest. Auch wenn es manch einem Erwachsenen so vorkommen mag, als seien die Fingerkuppen vieler Heranwachsender mit den Touchscreens ihrer Handys verwachsen: Die meisten jungen Nutzer haben einen funktionalen Umgang mit dem Internet.

Zugleich gibt es sie: Die für sich selbst und/oder andere schädlichen Mediennutzungsweisen. Der sowohl gesellschaftspolitische als auch wissenschaftliche Diskurs zur Frage der pathologischen Internetnutzung ist ungebrochen und von hoher Relevanz für die Arbeit derjenigen, die mit der Medienkompetenzförderung vor allem von Heranwachsenden befasst sind. Zu den gehäuften Risikobereichen gehören Erfahrungen mit Cybermobbing sowie die süchtige Nutzung des Internets generell oder von Social Networking Sites. Vor diesem Hintergrund kommt dem präventiven Wert von Maßnahmen zur Vermittlung von Medienkompetenz, hier noch mehr: von Internetnutzungskompetenz, eine besondere Bedeutung zu.

In einem Kooperationsprojekt zwischen der Universität Duisburg-Essen, vertreten durch den Inhaber des Lehrstuhls Allgemeine Psychologie: Kognition, Prof. Dr. Matthias Brand, und der LfM ist nun die Rolle der Internetnutzungskompetenz sowohl für eine pathologische Internetnutzung („Internetsucht") als auch für das Beteiligen an Akten des Internetmobbings und der Rezeption von Internetmobbing untersucht worden.

Mit dem vorliegenden Band der LfM-Schriftenreihe Medienforschung präsentiert das Team unter der Leitung von Prof. Dr. Matthias Brand nicht nur wissenschaftlich hochinteressante Ergebnisse, sondern bereitet diese in sehr verständlicher und anwendungsorientierter Weise für den „psychologischen Laien" auf, der darin viele Anregungen für die Praxis einer zeitgemäßen Medienkompetenzförderung finden wird.

Dr. Jürgen Brautmeier
Direktor der Landesanstalt
für Medien NRW (LfM)

INHALT

1 EINLEITUNG

In den letzten zwei Jahrzehnten hat sich das Internet zu einem viel genutzten Medium entwickelt, das Bestandteil in fast allen Bereichen des Alltags geworden ist. Dies umfasst sowohl die berufliche Nutzung als auch das private Leben, das inzwischen ebenfalls maßgeblich mit Hilfe verschiedener Internetangebote (mit)gestaltet wird. Das Internet ermöglicht unter anderem den Erwerb (und Verkauf) von Kleidung oder Lebensmitteln, die Suche nach Informationen, Nachrichten oder aktuellen Entwicklungen sowie das Spielen von Online-Games, Anschauen von Videos, Filmen, Serien und anderen Elementen der Unterhaltung. Eine weitere zentrale Komponente ist dabei der soziale Austausch, denn das Internet ermöglicht den unkomplizierten Kontakt mit Freunden, die weiter entfernt wohnen, oder auch die Kommunikation über gemeinsame Interessen mit zuvor unbekannten Menschen.

Die zentrale Rolle des Internets bestätigen aktuelle Zahlen, die illustrieren, dass in 82 Prozent der deutschen Haushalte ein Internetanschluss existiert. Daraus resultierend geben rund 77 Prozent der deutschen Bevölkerung an, das Internet auch regelmäßig privat zu nutzen. Bei einer genaueren Betrachtung junger Personen oder von Haushalten mit Kindern sind die Zahlen sogar noch höher: 89 Prozent der Jugendlichen zwischen 12 und 19 Jahren nutzen das Internet regelmäßig (Mascheroni & Cuman, 2014). Der Zugriff auf das Internet und somit auch auf Social Networking Sites (SNS) wird dabei vor allem durch die weite Verbreitung des Smartphones und der allgegenwärtigen Bereitstellung des Internets beispielsweise über W-LAN zeit-, orts- und PC-unabhängig erleichtert. Auch Kinder und Jugendliche nutzen die mobilen Endgeräte zur Gestaltung der eigenen Freizeit.

Es gibt viele verschiedene Forschungsfragen, die im Zusammenhang mit der Nutzung des Internets und von SNS entstanden sind. Einige dieser Fragestellungen können mögliche positive Implikationen auf die Identitätsbildung oder das eigene Selbstwertgefühl adressieren. Doch aufgrund der starken Einbettung digitaler Medien in das alltägliche Leben, die auch schon bei Kindern und Jugendlichen zu beobachten ist, gilt es auch, die möglichen Risiken und Gefahren einer Nutzung nicht zu vernachlässigen. Die vorliegende Studie fokussiert aus diesem Grund vor allem Faktoren und Mechanismen, die einer dysfunktionalen Nutzung zugeordnet werden können. Darunter werden in dieser Arbeit sowohl exzessive Verhaltensweisen, wie beispielsweise die Internetsucht und die unkontrollierte SNS-Nutzung, aber auch das Schikanieren, Beleidigen und Bloßstellen anderer im Internet, genannt Cybermobbing, adressiert. In verschiedenen Schritten werden Aspekte aufgegriffen, die die Entstehung und Aufrechterhaltung dieser dysfunktionalen Verhaltensweisen begünstigen. Orientiert an den

Arbeiten verschiedener Wissenschaftlerinnen und Wissenschaftler wird jedoch auch hier zwischen einer generalisierten und einer spezifischen Internetsucht differenziert. Als Beispiel einer spezifischen Internetsucht wird aufgrund der hohen Relevanz für Kinder und Jugendliche eine unkontrollierte SNS-Nutzung fokussiert. Des Weiteren wird die Frage aufgegriffen, welche Personenvariablen zentral für die Identifikation von Personen sind, die an Cybermobbing-Akten jeglicher Art beteiligt sind. Dies schließt sowohl Opfer als auch aktive sowie passive Täter mit ein. Es wird außerdem geklärt, ob es eine gemeinsame Schnittmenge der Internetsucht und des Cybermobbings gibt. In einer Online-Befragung und in einer Laborstudie werden auch die Interaktionseffekte zwischen Personenvariablen, kognitionspsychologischen Mechanismen und den verschiedenen Arten der dysfunktionalen Internetnutzung herausgestellt. Es wird dabei das Ziel verfolgt, zuvor postulierte Mediations- und Moderationseffekte zur Erklärung von Internetsucht und Cybermobbing zu prüfen.

Eine weitere zentrale Fragestellung dieser Arbeit beschäftigt sich mit dem präventiven Wert von Trainingsmaßnahmen und Projekten zur Vermittlung von Kompetenzen im Umgang mit Medien wie dem Internet. In der vorliegenden Studie werden nicht nur die selbst wahrgenommenen Internetnutzungskompetenzen von Jugendlichen und jungen Erwachsenen ermittelt, sondern auch deren Einfluss auf eine pathologische Nutzung des Internets und von SNS ebenso wie auf eine Beteiligung an Cybermobbing geprüft.

Das Ziel der Arbeit umfasst somit neben der Untersuchung möglicher Prädiktoren dysfunktionaler Verhaltensweisen auch die Überprüfung der Rolle von Internetnutzungskompetenzen. Einerseits wird dabei angenommen, dass Internetnutzungskompetenz viele präventive Mechanismen umfasst, die Nutzerinnen und Nutzer benötigen, um das eigene Verhalten im Internet zu reflektieren, zu regulieren sowie Inhalte kritisch zu analysieren. Andererseits wird untersucht, ob Kompetenzen, die einen kreativen, eigenständigen und interaktiven Umgang mit dem Internet ermöglichen, zu einem hohen Engagement und einer hohen Beteiligung führen und Nutzerinnen und Nutzern dadurch einen kritischen Blick, eine realistische Erwartungshaltung und einen kontrollierten Umgang erschweren. Dabei wird davon ausgegangen, dass einzelne Kompetenzen dysfunktionale Verhaltensweisen wie Cybermobbing oder eine exzessive Nutzung begünstigen.

Gleichzeitig sollen auf Basis des aktuellen Forschungsstandes weitere Mechanismen dysfunktionaler Verhaltensweisen identifiziert und mögliche Wechselwirkungen zwischen verschiedenen Merkmalen, besonders für die Internetnutzungskompetenz, herausgestellt werden. So wird unter anderem erwartet, dass Persönlichkeitsvariablen wie Extraversion, Neurotizismus, soziale Isolation, Schüchternheit und Einsamkeit zentrale

Bestandteile der exzessiven Nutzung des Internets sowie von SNS sind. Es wird auch angenommen, dass dieser Effekt mit der Fähigkeit, Emotionen zu regulieren interagiert. Ähnliches wird sowohl von der psychischen Symptombelastung als auch der Fähigkeit, Entscheidungen zu treffen erwartet. Im Sinne des adressierten Modells von Brand und Kollegen (2014) wird außerdem bei der Erwartungshaltung gegenüber der Nutzung von Onlinediensten von einem Mediationseffekt ausgegangen. Dieser Effekt betont, dass mögliche Prädiktoren durch die Erwartung gegenüber dem Internet als Möglichkeit zur Bedürfnisbefriedigung oder Alltagsflucht verstärkt werden.

Für den Bereich des Cybermobbings wird ebenso angenommen, dass bestimmte Persönlichkeitsmerkmale, der Umgang mit Aggressionen und die Fähigkeit der Emotionsregulation die Beteiligung an Cybermobbing-Akten begünstigen. Doch zusätzlich ist davon auszugehen, dass emotionale und soziale Kompetenzen, aber auch die Erfahrung von sozialer Unterstützung die Wahrscheinlichkeit zur Beteiligung vermitteln. Aufgrund der unklaren Forschungslage wird außerdem hinterfragt, welchen Einfluss kognitionspsychologische Mechanismen haben – insbesondere, ob sicheres Entscheidungsverhalten oder gutes Inhibitionsverhalten die Wahrscheinlichkeit von Täterschaft oder Opferdasein begünstigt oder reduziert. Diese Frage wurde bislang nicht adressiert.

Die Forschungsergebnisse dieser Arbeit münden schließlich in der Ableitung von Präventionsmaßnahmen und Handlungsempfehlungen, mit denen beispielsweise Eltern und Lehrkräfte Jugendliche und junge Erwachsene bei der Entwicklung einer sinnvollen und funktionalen Internetnutzung unterstützen können. Es werden die Risiken einer Internetnutzung aufgezeigt und verdeutlicht, wo welches Gefahrenpotenzial liegt. Außerdem wird erläutert, wie die Vermittlung von Kompetenzen individuelle, bestehende Charakteristika auffangen und die Reflexion, Analyse und Evaluation der Internetnutzung junger Menschen ermöglichen kann. Dadurch können Maßnahmen und Projekte optimiert werden, die sich bereits jetzt schon auf die Vermittlung von Medienkompetenzen zur Prävention von Cybermobbing und Internetsucht konzentrieren.

2 INTERNETNUTZUNG: AKTUELLE ZAHLEN UND MEDIENPSYCHOLOGISCHE ANSÄTZE

Die Charakteristiken der Mediennutzung haben sich im Laufe der letzten Jahrzehnte stark verändert. Dies umfasst besonders die Nutzung des Internets und dessen Zugang mit Hilfe mobiler Endgeräte wie Notebooks, Tablets oder Smartphones. Vor allem bei der Nutzung des Smartphones, aber auch des PCs oder Laptops bei Jugendlichen ab zwölf Jahren konnte eine stetig steigende Verfügbarkeit mitsamt zunehmender Nutzungszeit festgestellt werden. Konkretisiert wird dies durch Zahlen verschiedener Befragungen und Untersuchungen innerhalb Deutschlands.

In einer 2014 veröffentlichten Studie befragten die öffentlich-rechtlichen Fernsehanstalten ARD und ZDF rund 1.800 Personen ab 14 Jahren zu ihrer Nutzung von Medien und Onlinediensten (van Eimeren & Frees, 2014). Dabei gaben 79 Prozent der Befragten an, das Internet zu nutzen, wovon 58 Prozent das Internet täglich verwenden. Seit 2012 sind diese Nutzungszahlen weitgehend konstant. Betrachtet man ausschließlich die jüngere Zielgruppe der 14- bis 29-Jährigen, wird deutlich, dass hier fast 100 Prozent der Teilnehmerinnen und Teilnehmer angaben, regelmäßig online zu sein. Die Ergebnisse zur Nutzungszeit sind seit 2009/2010 ebenfalls konstant und liegen bei etwa zwei bis zweieinhalb Stunden pro Tag. Während die Befragten insgesamt das Internet meist über den PC oder das Notebook nutzen, tun das vor allem jüngere Personen (14–29 Jahre) vermehrt über mobile Endgeräte wie das Smartphone. Hier wird im Vergleich zu den vorherigen Jahren ein besonders hoher Anstieg deutlich (van Eimeren & Frees, 2014).

Die zentrale Rolle des Internets besonders bei Kindern und Jugendlichen als meistgenutztes Medium im Alltag greifen auch der Bundesverband Informationswirtschaft, Telekommunikation und neue Medien (Bitkom) sowie der Medienpädagogische Forschungsverband Südwest (mpfs) in ihrer JIM-Studie auf (Bitkom, 2014b; Feierabend, Plankenhorn & Rathgeb, 2014). Hier wird ebenfalls deutlich, dass das Internet fester Bestandteil des Lebens geworden ist und sich dies besonders in der Verfügbarkeit und der Dauer der Nutzung äußert. Speziell Kommunikationsanwendungen, die den Austausch innerhalb von Online-Communities unter anderem via Smartphone ermöglichen, gewinnen an Bedeutung (Bitkom, 2014b; Feierabend et al., 2014).

So berichtet der Bitkom (2014b), dass 94 Prozent der Kinder ab dem 10. Lebensjahr online sind, meist für circa 22 Minuten pro Tag. Jugendliche ab 16 Jahren gaben zu 100 Prozent an, das Internet zu nutzen, wobei auch hier das Smartphone als wichtigstes Internetzugangsgerät gilt. Auffällig ist dabei der besonders starke Anstieg der Nutzungszeit, die im Teenager-Alter nun bei durchschnittlich 115 Minuten pro Tag liegt. Die Antworten auf die Frage, wofür das Internet genutzt wird, machen deutlich, dass vor allem mit dem Wechsel zur Sekundarstufe 2 eine Verschiebung stattfindet. Neben der Nutzung des Internets zur reinen Unterhaltung (z. B. durch das Anschauen von Videos) werden dann auch immer stärker SNS sowie das Internet insgesamt zur Informationssuche genutzt. Es kommt in dem Alter außerdem zu einer Verschiebung der Zuwendung von analogen hin zu digitalen Medien. Während Kinder sich noch mit klassischen Brettspielen oder Zeitschriften auseinandersetzen, beginnen vor allem Jugendliche und junge Erwachsene damit, Nachrichten und Spiele online aufzusuchen. In der Bitkom-Studie ist außerdem eine Veränderung von klassischen Kommunikationsstrukturen erkennbar. Eine indirekte Kommunikation über das Smart-phone wird von den meisten der Befragten einer direkten Face-to-Face-Gesprächs-situation bevorzugt (Bitkom, 2014b). Einen Überblick, welche Medien von Kindern und Jugendlichen als Internetzugang genutzt und wofür Onlinemedien verwendet werden, geben die Abbildungen 1 und 2.

ABBILDUNG 1:
Übersicht über die Wege der Internetnutzung von Kindern und Jugendlichen (12 bis 19 Jahre) 2013 und 2014

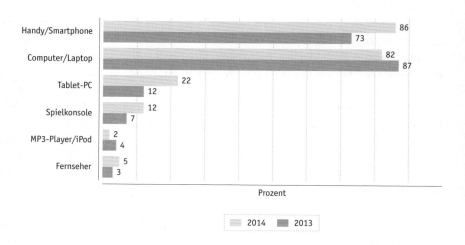

Quelle: JIM-Studie 2014 (Feierabend, Plankenhorn & Rathgeb, 2014). Die Befragten sollten angeben, welche Geräte sie in den letzten 14 Tagen genutzt haben, um online zu gehen. Daten aus der JIM-Studie 2014.

ABBILDUNG 2:
Relationale Übersicht über die inhaltliche Verwendung des Internets im Vergleich zur Gesamtnutzung und die Veränderung im Laufe der letzten Jahre

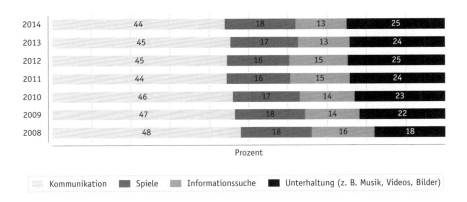

Quelle: JIM-Studie 2014 (Feierabend, Plankenhorn & Rathgeb, 2014).

Die Daten der aktuellen JIM-Studie 2014 bekräftigen die fast vollständige Integration digitaler Medien im Alltag junger Menschen. Die JIM-Studie mit Jugendlichen im Alter von 12 bis 19 Jahren wird bereits seit 15 Jahren durchgeführt und beschäftigt sich mit dem aktuellen Stand des Medienumgangs dieser Zielgruppe. Dabei geht es neben der technischen Ausstattung auch um die generelle Nutzung verschiedener Medien und die Art der Verwendung. Es wird deutlich, dass fast alle 12- bis 19-Jährigen ein eigenes Mobiltelefon besitzen, wobei es sich in 88 Prozent der Fälle um ein Smartphone mit Internetzugang handelt. Zudem können knapp drei Viertel der Befragten ebenfalls auf einen Computer/Laptop zugreifen (Feierabend et al., 2014). Dies deckt sich mit den Zahlen einer Studie der Techniker Krankenkasse von 2014, in der Jugendliche im Alter von 12 bis 17 Jahren zu 79 Prozent angaben, auf ein eigenes Smartphone und zu 64 Prozent auf einen Computer/Notebook/Laptop zugreifen zu können (Meusch, 2014). Betrachtet man ausschließlich die generelle Nutzungsregelmäßigkeit, gaben 94 Prozent der Teilnehmerinnen und Teilnehmer an, das Internet mehrmals pro Woche zu nutzen. Der Onlinezugang via Handy/Smartphone beträgt hierbei 93 Prozent (Feierabend et al., 2014). Diese Zahlen waren in den letzten Jahren zumeist konstant und verdeutlichen, dass das Internet etwa seit 2009/2010 eine hohe Alltagsrelevanz innehat und dass vor allem für jüngere Menschen dessen Nutzung selbstverständlich geworden ist. Anzumerken ist dennoch, dass trotz dieser ausgeprägten Verfügbarkeit der neuen Medien auch die Nutzung der klassischen Medien konstant bleibt. Das Fernsehen und das Radio behaupten ihren Stellenwert im Medienrepertoire bei jungen Menschen, verdeutlicht durch gleichbleibende Zahlen hinsichtlich der Verfügbarkeit eigener Geräte und der Angaben zur täglichen und wöchentlichen Nutzung (Feierabend, Karg & Rathgeb, 2013).

Trotz verschiedener Studien mit leicht divergierenden Zahlen und Zielgruppen, was die uneingeschränkte Vergleichbarkeit der verschiedenen Ergebnisse erschwert, wird vor allem eines deutlich: Die Mediennutzung ist vielfältiger sowie zeit- und ortsunabhängiger geworden. Das Internet ist auch bei Jugendlichen und jungen Erwachsenen das zentrale Medium, das in der Freizeit genutzt wird. Die Grenzen zwischen online und offline sind dabei fließend. Kinder und Jugendliche differenzieren immer weniger die Zeit im Internet gegenüber der Zeit, die sie nicht im Internet sind (Borgstedt, Roden, Borchard, Rätz & Ernst, 2014). Dies betrifft auch die Nutzung von SNS, deren Verfügbarkeit durch die Kombination von Smartphones und bestimmten Apps in Zeiten von Internetflatrates ebenfalls uneingeschränkt erfolgt. Die Definition von SNS, die Art der Nutzung und welche Personen besonders davon profitieren, werden im nachfolgenden Absatz erläutert.

2.1   DEFINITION UND NUTZUNG VON SOCIAL NETWORKING SITES

Social Networking Sites werden definiert als webbasierte, virtuelle Plattform, die die Erstellung eines individuellen, (halb-)öffentlichen Profils innerhalb einer Gemeinschaft erlauben. Dabei ist es möglich, eine Liste mit anderen Nutzerinnen und Nutzern zu generieren, die gleiche Interessen und Meinungen teilen (Amichai-Hamburger & Vinitzky, 2010; Boyd & Ellison, 2008; Kuss & Griffiths, 2011). In diesen Gemeinschaften haben die Mitglieder die Möglichkeit miteinander zu interagieren, mit Freunden in Kontakt zu bleiben und sowohl Online- als auch Offline-Freundschaften zu entwickeln (Andreassen, Torsheim, Brunborg & Pallesen, 2012; Kittinger, Correia & Irons, 2012; Ross et al., 2009). Die Aktivitäten in SNS umfassen das Browsen auf Profilen anderer, das Verschicken von Einladungen, das Posten von Inhalten auf den Profilen anderer oder dem eigenen sowie das Lesen, Beantworten und Versenden von Nachrichten an andere Personen. Die Idee hinter diesen Netzwerken besteht vordergründig darin, positive Erfahrungen durch den sozialen Austausch zu sammeln (Kuss & Griffiths, 2011). Teilweise wird sogar argumentiert, dass die Verwendung von SNS Aufgaben der Identitätsbildung und des Beziehungs- oder Kommunikationsmanagements übernimmt (Borgstedt et al., 2014; Schmidt, Paus-Hasebrink & Hasebrink, 2009).

Diese vielfältigen Nutzungsmöglichkeiten und verschiedenen Funktionen sorgten für eine rasante Entwicklung hinsichtlich der hohen Alltagsrelevanz von SNS, verdeutlicht durch hohe Mitgliedszahlen in diversen Communities (siehe Abbildung 3). So gaben in der JIM-Studie von 2014 73 Prozent der 12- bis 19-Jährigen an, Mitglied in einer Online-Community zu sein und SNS mindestens selten zu nutzen (Feierabend et al., 2014). Dies deckt sich mit Zahlen einer Umfrage des Instituts IP Deutschland, in der 84 Prozent der 14- bis 29-Jährigen angaben, Mitglied in mindestens einer Online-Community zu sein. Personen zwischen 30 und 65 Jahren gaben hingegen nur zu 35 Prozent eine Mitgliedschaft an (Schürmann, 2013).

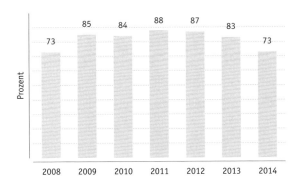

ABBILDUNG 3:
Prozentuale Angabe hinsichtlich der Zugehörigkeit zu einer Social Networking Site (12 bis 19 Jahre)

Quelle: JIM-Studie 2014 (Feierabend, Plankenhorn & Rathgeb, 2014).

Die weltweit und auch in Deutschland meist verwendete SNS ist Facebook, eine Gemeinschaft mit mehr als 1.35 Milliarden aktiven Mitgliedern weltweit (Statista, 2015). War diese Webseite in ihrer Ursprungsform noch als internes Netzwerk für Universitäten gedacht, ist dieses nun offiziell allen Menschen ab 14 Jahren frei zugänglich. Auf die Frage hin, welche SNS von den Jugendlichen genutzt wird, ist Facebook nach wie vor in Deutschland mit 69 Prozent das meist genutzte Netzwerk (Feierabend et al., 2014). Eine weitere Befragung von IP Deutschland gibt ebenfalls an, dass 70 Prozent der Nutzerinnen und Nutzer im Alter von 14 bis 29 Jahren Facebook täglich aufsuchen und dabei vor allem der Austausch mit anderen Personen im Vordergrund steht. Dies umfasst das Lesen und Verfassen von Beiträgen, Pflegen von Kontakten und Chatten (Schürmann, 2013). Diese Tätigkeiten werden dabei besonders von Nutzerinnen durchgeführt, die generell im Vergleich zu männlichen Mitgliedern aktiver an der Community teilhaben. Neben dem Veröffentlichen von Nachrichten und Interessen zeigt sich dies auch in teilweise deutlich längeren Freundeslisten (Chak & Leung, 2004; Moore & McElroy, 2012; Szczegielniak, Palka & Krysta, 2013). Eine Studie in Deutschland betont außerdem, dass vor allem mit Eintritt in die Pubertät SNS wie Facebook interessanter werden. Dies könnte aber daran liegen, dass die Nutzungsbedingungen von Facebook einen Eintritt in das Netzwerk erst ab dem 14. Lebensjahr erlauben. In der deutschlandweiten Befragung gaben 16-Jährige außerdem an, vor allem Facebook als Kommunikationsmedium zu nutzen und aktiv Inhalte wie Bilder und Nachrichten zu teilen. Dabei zeigt sich, dass diese Art der Kommunikation mit Freunden einem direkten Austausch vorgezogen wird (Bitkom, 2014b).

Doch auch ein Zuwachs der Nutzung anderer Netzwerke und Communities wie der Anwendung Instagram (13 Prozent), die das Teilen von Audio- und Bilddateien ermöglicht, und dem Instant-Messaging-Dienst WhatsApp (11 Prozent) konnte beobachtet werden. WhatsApp ermöglicht den synchronen, digitalen Austausch von auditiven, visuellen oder textbasierten Nachrichten, wobei sich die Nutzerin oder der Nutzer ständig in einem Chat-Modus befindet. Zentral ist dabei, dass sich diese Anwendungen als attraktive Kommunikationswege etabliert haben und besonders WhatsApp das Kommunikationsbedürfnis Jugendlicher zu befriedigen scheint und teilweise unentbehrlich für die alltägliche Kommunikation einiger Menschen geworden ist (Borgstedt et al., 2014; Feierabend et al., 2014). Ob nun die Kommunikationsanwendung WhatsApp dauerhaft und langfristig umfassend die verschiedenen Bedürfnisse befriedigen kann, die mit der Nutzung von SNS und Instant-Messaging-Diensten einhergehen, bleibt abzuwarten.

Verschiedene internationale Studien zu SNS und deren Nutzung verdeutlichen, dass ein Netzwerk vordergründig verwendet wird, um Informationen über andere Personen, Veranstaltungen oder Organisationen zu suchen, eine soziale Identität zu kreieren oder den individuellen Status zu präsentieren. Doch besonders die Unterhaltung und Kommunikation mit anderen Mitgliedern ist für viele der wichtigste Grund, in einem Netzwerk aktiv zu sein. Dabei haben sie sowohl die Möglichkeit, über die Plattform Spiele zu spielen als auch individuelle soziale Bedürfnisse zu befriedigen. Das umfasst neben dem Teilen von Bildern und Nachrichten auch die Entwicklung und Aufrechterhaltung von Freundschaften und Beziehungen (Hong, Huang, Lin & Chiu, 2014; Wu, Cheung, Ku & Hung, 2013). All diese Funktionen bieten für die Mitglieder vermehrt Vorteile. So wird von einem intensiveren Austausch mit Freunden berichtet, der manchmal auch erst online zustande gekommen ist. Aber auch ein positiver Einfluss auf das Selbstwertgefühl und auf die individuell wahrgenommene Lebenszufriedenheit ist durch die Teilnahme an Online-Netzwerken zu beobachten (Steinfield, Ellison & Lampe, 2008; Valkenburg, Peter & Schouten, 2006). Ursachen dieser positiven Wahrnehmung könnten vor allem in dem stetigen Austausch und Erhalt von Feedback liegen. Aktive SNS-Nutzerinnen und Nutzer tauschen sich regelmäßig aus und können sich in einer gefühlt sicheren Atmosphäre intensiv mit anderen Personen unterhalten. Studien zeigen, dass besonders schüchterne, introvertierte Personen oder Menschen mit einem geringen Selbstbewusstsein die Online-Kommunikation einem direkten Austausch vorziehen (vgl. Kuss & Griffiths, 2011). SNS wie Facebook bieten die Möglichkeit einer kontrollierten, anonymen, aber sozialen Situation, die dennoch die Befriedigung sozialer Bedürfnisse ermöglicht, welche im realen Leben vielleicht beeinträchtigt ist oder als nicht befriedigend erlebt wird (Hong et al., 2014; Kuss & Griffiths, 2011; Ryan & Xenos, 2011). Dennoch zeigen Ryan und Xenos (2011) auch, dass schüchterne Personen trotzdem nicht mehr Zeit auf Facebook verbringen als weniger schüchterne. Das Fehlen eines hohen Ausmaßes sozialer Kontakte erschwert auch den Schritt zum Anschluss an eine Community, auch wenn die Online-Kommunikation grundsätzlich bevorzugt wird. Eindeutige Ergebnisse hinsichtlich Schüchternheit oder Einsamkeit als Ursachen für das Engagement in SNS liegen nicht vor, sondern vielmehr Erklärungen, die von einer bipolaren Verteilung ausgehen. Somit können sowohl selbstbewusste, offene und stark sozial verknüpfte als auch zurückgezogene, schüchterne Personen von einer Teilnahme an SNS profitieren. Hierbei muss jedoch neben einer Teilnahme an diesem Medium auch die Art und Weise der Kommunikation berücksichtigt werden. So wird in einer Studie deutlich, dass sich schüchterne und einsame Personen auch online weniger öffnen und weniger Informationen über sich preisgeben. Eine Kompensation über Facebook bei fehlenden realen Beziehungen findet somit nicht automatisch statt (Sheldon, 2013). Lee, Lee und Kwon (2011) machten in ihrer Studie deutlich, dass die Preisgabe von Informationen und die positive Selbstdarstellung das subjektiv wahrgenommene Wohlbefinden erhöhen. Die Anzahl der Freunde in einem Netzwerk wird natürlich unter Umständen auch durch den realen Bekanntenkreis beeinflusst, doch das Gefühl von Zugehörigkeit und Bildung sozialer Beziehungen kann beispielsweise durch gemeinsame Interessengruppen oder die Zustimmung zu einem Posting über das Netzwerk positiv beeinflusst werden (Kalpidou, Costin & Morris, 2011).

In verschiedenen Befragungen konnte zusätzlich herausgearbeitet werden, dass extravertierte Personen, also Personen, die eher gesellig und aufgeschlossen sind, ein größeres Netzwerk an Kontakten haben, jedoch auch weniger private Informationen veröffentlichen. Eine Ursache dafür könnte sein, dass ein gewisses Maß an Extraversion auch im realen Leben einen leichteren Zugang zu anderen Personen ermöglicht und das Bedürfnis nach Nähe und Austausch nicht hauptsächlich über das Internet befriedigt wird (Amichai-Hamburger & Vinitzky, 2010; Hong et al., 2014; Moore & McElroy, 2012; Ong et al., 2011; Ross et al., 2009; Ryan & Xenos, 2011).

Insgesamt erleichtern SNS freundschaftliche, soziale Bindungen und ermöglichen außerdem die eigene Selbstdarstellung, welche im Internet kostenlos und ohne großen Aufwand erfolgen kann. Somit kann vorerst festgehalten werden, dass Netzwerke wie Facebook sowohl positive Implikationen hinsichtlich der Befriedigung sozialer Bedürfnisse als auch hinsichtlich der Bedürfnisse haben können, die eher einer emotionalen Befriedigung zugeordnet werden können. Nichtsdestotrotz steht bei der Nutzung der Communities und weiterer Dienste wie Instagram oder WhatsApp weiterhin die uneingeschränkte attraktive Kommunikationsfunktion dank einer praktikablen Integration im Alltag via Smartphone im Mittelpunkt.

2.2 DER USES-AND-GRATIFICATIONS-ANSATZ

Neben dem generellen Nutzungsverhalten stellt sich für Forscherinnen und Forscher eigentlich immer wieder die Frage: Warum und wozu nutzen Menschen das Internet und besonders SNS? Welche Erwartungen haben sie an das Medium und können diese erfüllt werden?

Ein theoretischer Ansatz, der sich dieser Fragestellung aus medienpsychologischer Perspektive widmet, ist der Uses-and-Gratifications-Ansatz (UAG-Ansatz; Katz, 1959; Katz, Blumler & Gurevich, 1974; Katz, Gurevich & Haas, 1973). Dieses theoretische Konstrukt versucht zu erklären, warum Menschen immer wieder ein bestimmtes Medium wie das Fernsehen, das Radio, oder auch das Internet und SNS vor allen anderen bevorzugen (Cheung, Chiu & Lee, 2011). Dabei wird fokussiert, dass Personen ihre Bedürfnisse mit Hilfe des gewählten Mediums befriedigen. Zentral ist die Annahme, dass der Mensch dabei eine selbstbestimmte, zielorientierte Person ist, die das Medium eigenständig auswählt. Sie ist, und dies wird in anderen Ansätzen anders gesehen, dem Medium dabei nicht hilflos ausgeliefert, sondern verfolgt vor dem Hintergrund ihrer Bedürfnisse und Erwartungen ein bestimmtes Ziel (Aelker, 2008; Katz et al., 1974). Dieser Ansatz wurde im Laufe der Jahre neben der Komponente der *gesuchten* Gratifikation um den Aspekt der *erlebten* Gratifikation erweitert (Aelker, 2008; Palmgreen & Rayburn, 1982, 1985; Rayburn & Palmgreen, 1984). Daraus lässt sich schlussfolgern, dass ein Medium nicht nur wiederholt genutzt wird, wenn dabei die Befriedigung von Bedürfnissen erlebt wird, sondern dass auch die Wahrscheinlichkeit steigt, bei vergleichbaren Zielen zu ähnlichen Mechanismen zu greifen (Aelker, 2008). Die dem UAG-Ansatz entsprechenden zentralen Nutzungsmotive von Medien sind in der folgenden Infobox zusammengefasst. Die Ergebnisse aus der JIM-Studie 2014 haben die Online-Aktivitäten von Kindern und Jugendlichen angelehnt an den UAG-Ansatz in die vier Nutzungskategorien ,Kommunikation', ,Unterhaltung', ,Information' und ,Spiele' aufgeteilt. Dabei wird deutlich, dass der Bereich Kommunikation vordergründig die Interaktion mit anderen Nutzerinnen und Nutzern wie das Chatten, aber auch das Surfen auf SNS umfasst. Die Relevanz dieser Tätigkeiten steigt sogar mit zunehmendem Alter und es wird wiederholt deutlich, dass die interaktive, selbstbestimmte und kreative Teilnahme sowie der gemeinsame Austausch im Internet eine immer zentralere Rolle spielen (Feierabend et al., 2014). Communities dienen also trotz vieler weiterer Eigenschaften vor allem als Kommunikationsinstrument.

Uses-and-Gratifications-Ansatz: Motive der Nutzung eines Mediums
(vgl. Aelker, 2008; Brandtzæg & Heim, 2009)

1. Bedürfnis nach Unterhaltung
2. Bedürfnis nach Information
3. Bedürfnis nach persönlicher Identität
4. Bedürfnis nach Integration und sozialer Interaktion

Weitere Studien übertrugen den Ansatz auf die sogenannten „neuen Medien" und haben so untersucht, welche Erwartungen Nutzerinnen und Nutzer an SNS stellen und ob diese den Motiven des UAG-Ansatzes zugeordnet werden können (Lampe, Wash, Velasquez & Ozkaya, 2010; Papacharissi & Mendelson, 2011; Raacke & Bonds-Raacke, 2008; Smock, Ellison, Lampe & Wohn, 2011). Brandtzæg und Heim (2009) gingen beispielsweise der Frage nach, was Personen motiviert, sich einer Online-Community anzuschließen und welche Bedürfnisse innerhalb dieser Gemeinschaft befriedigt werden sollen. In einer Online-Befragung mit 1.200 SNS-Nutzerinnen und Nutzern wird deutlich, dass nicht ein einzelnes Motiv Ursache für die Nutzung ist, sondern verschiedene Gründe miteinander interagieren. Zentral dabei sind jedoch die Pflege von Kontakten zu Freunden und das Treffen neuer Menschen. Der soziale Aspekt steht hier ganz klar im Vordergrund. Zusätzlich ist aber auch erkennbar, dass alle genannten Motive der Nutzung den vier theoretischen Facetten des UAG-Ansatzes zugeordnet werden können (Brandtzæg & Heim, 2009). Diese Ergebnisse werden in weiteren Studien gestützt, die verdeutlichen, dass Nutzerinnen und Nutzer mit Hilfe SNS Zugehörigkeitsbedürfnisse sowie das Teilen von gemeinsamen Interessen befriedigen. Dies ist eindeutig dem sozialen Aspekt des UAG-Ansatzes zuzuordnen (Joinson,

2008). Dass dies nicht nur für Netzwerke wie Facebook, sondern auch für die Zuwendung zum Internet im Allgemeinen relevant ist, untersuchten schon frühere Studien. Dabei wird deutlich, dass auch Alltagsflucht ('Eskapismus'), Informationsbeschaffung sowie Unterhaltung zentrale Motive der Nutzung sind (vgl. Kaye, 1998; LaRose, Mastro & Eastin, 2001; Lin, 1999; Parker & Plank, 2000).

Die Funktionsweise von Facebook begünstigt diese Zielerreichung und Erwartungshaltung. Einzelne Funktionen wie Pinnwandeinträge, private Nachrichten oder Chatfunktionen werden eindeutig mit einem sozialen Austausch assoziiert (Smock et al., 2011). Aber auch die Integration von Spielen oder das Einbetten von Nachrichten diverser Onlinedienste können umfassend Informationen und Unterhaltungsmöglichkeiten zur Verfügung stellen. Bestimmte Funktionen des Netzwerkes zielen scheinbar bewusst auf diese Motive ab, um die Nutzerin oder den Nutzer einen ganzheitlichen, interaktiven Medienkonsum zur Befriedigung aller gerade aktuellen Bedürfnisse zu ermöglichen (Smock et al., 2011). Auch der Wunsch nach positiver Selbstdarstellung kann mittels Facebook abgedeckt werden. Durch die kontrollierte, einfache und überschaubare Umgebung der Online-Community kann die Nutzerin oder der Nutzer selbst bestimmen, welche Eindrücke, Einblicke und Einstellungen mittels Fotos, Videos, geteilten Inhalten oder Nachrichten hinterlassen werden sollen. Es ist ein deutlich kontrollierbarer und auch bewusster Prozess, für den sich Zeit genommen werden kann, statt wie im realen Leben viel spontaner, unbewusster und vielleicht auch gehetzter reagieren zu müssen.

Aufbauend auf den UAG-Ansatz sind sich Forscherinnen und Forscher darüber einig, dass die erwarteten Konsequenzen einer selbstbestimmten und zielorientieren Mediennutzung sowohl das Verhalten einer Person als auch deren Zugang zum Internet zusätzlich beeinflussen (Bandura, 2002; Khang, Han & Ki, 2014). Außerdem gelten diese spezifischen Erwartungen als signifikanter Prädiktor für die generelle Internetnutzung (LaRose & Eastin, 2004). Die Erwartungshaltung, die Personen nun gegenüber Facebook und dem Internet empfinden, ist logisch nachvollziehbar. Personen, denen es schwer fällt, mit anderen in Kontakt zu treten und die durch die Medien in der Lage sind, sich selbst auszudrücken, Wünsche zu formulieren oder Unterhaltungen mit anderen Personen zu führen, erleben im Internet eine subjektiv gesicherte Umgebung. Prinzipiell ist dies etwas Positives und kann sich konstruktiv auf die eigene Selbstwahrnehmung, den Selbstwert oder auch die Kommunikationsfähigkeit auswirken. Dass das Internet dabei eine zentrale und interaktive Rolle übernimmt, da es durch die Vielzahl verschiedener Eigenschaften, Anwendungen und Komponenten eine viel individuellere Nutzung erlaubt als es beispielsweise beim Fernsehkonsum möglich ist, verstärkt diese Entwicklung zusätzlich. Dieser Aspekt wird außerdem im theoretischen Modell zur Entstehung und Aufrechterhaltung von Internetsucht von Brand, Young und Laier (2014) aufgegriffen und verdeutlicht, dass die erhöhte Erwartungshaltung gegenüber dem Internet oder Netzwerk dann zu einer Gefahr wird, wenn andere Umgangsformen oder Problemlösestrategien irrelevant werden (auf solche potenziell negative Aspekte wird in später folgenden Kapiteln ausführlich eingegangen). LaRose, Mastro und Eastin (2001) verdeutlichen, dass dies besonders Personen betrifft, die Schwierigkeiten haben, das eigene Verhalten und somit auch die Mediennutzung zu regulieren und zu kontrollieren. Dieses Defizit ist zentral bei der Entwicklung eines problematischen Verhaltens, welches letztendlich auch zu einer exzessiven Nutzung des Mediums führen kann (LaRose et al., 2001). Die Erfahrung von Gratifikation kann dazu führen, dass ein bestimmtes Verhalten wiederholt ausgeführt wird und sich durch das Erleben von Unterhaltung, Flucht, Zuspruch und Zugehörigkeit eine unkontrollierte Nutzung des Internets aber auch von SNS entwickeln kann (Song, LaRose, Eastin & Lin, 2004).

Bei der Nutzung des Internets sollte also darauf geachtet werden, positive Implikationen des Internets gegenüber möglichen, negativen Verstärkungsmechanismen abzuwägen. Diese Mechanismen umfassen unter anderem den Wunsch nach sozialem Austausch, welcher über die Anwendung erleichtert werden kann und diese somit attraktiv erscheinen lässt. So bietet der UAG-Ansatz eine Erklärung, warum Menschen Facebook nutzen und wie/wodurch dysfunktionale Verhaltensweisen im Internet begünstigt werden.

2.3   ONLINERISIKEN

Neben den vielen positiven Folgen der Nutzung von Internet, SNS und Instant-Messaging-Diensten wie WhatsApp dürfen die Risiken und Gefahren nicht außer Acht gelassen werden. Neben dem viel diskutierten Problem (mangelnden) Datenschutzes birgt auch das Veröffentlichen von Inhalten, die andere Personen schikanieren oder beleidigen, das Verschicken von brutalen Videos sowie das Versenden von Pornofilmen und anderer sexuell motivierter Inhalte, sogenanntes Sexting, eine Gefahr (Feierabend et al., 2014). EU-weit gaben 17 Prozent der befragten Jugendlichen zwischen 12 und 19 Jahren an, selbst Erfahrung mit Belästigungen im Internet gemacht oder zumindest etwas davon mitbekommen zu haben. Insgesamt bestätigten außerdem knapp 46 Prozent der Jugendlichen, zumindest mit einem der hier genannten Risiken oder auch dem Problem exzessiver Internetnutzung schon konfrontiert gewesen zu sein (Mascheroni & Cuman, 2014). Personen mit exzessivem Nutzungsverhalten berichten von Schwierigkeiten, ihren Internetkonsum zu regulieren oder sich von Netzwerken zu distanzieren und erfahren dadurch negative Konsequenzen in der Schule, dem Familienleben und im Freundeskreis (Mascheroni & Cuman, 2014). In Zahlen bedeutet dies, dass 64 Prozent der Jugendlichen zustimmten, mit vielen Apps und SNS Zeit zu verschwenden. Knapp 61 Prozent gaben an, mit der Informationsflut in Form von Nachrichten auf das Handy/Smartphone überfordert zu sein. Auch die Sorge, etwas zu verpassen, beschäftigt knapp ein Viertel der Jugendlichen und jungen Erwachsenen (Feierabend et al., 2014).

In dieser Arbeit sollen die Gefahren verschiedener dysfunktionaler Nutzungen im Internet erfasst werden. Diese umfassen sowohl eine exzessive Nutzung des Internets generell und SNS im Speziellen als auch das Cybermobbing. In den nachfolgenden Kapiteln werden verschiedene theoretische Ansätze zur Entstehung und Aufrechterhaltung einer Internetsucht sowie Mechanismen, die Cybermobbing begünstigen, erläutert. Des Weiteren wird ein Überblick über aktuelle empirische Arbeiten hinsichtlich möglicher Prädiktoren der einzelnen Verhaltensweisen gegeben. Im Anschluss werden unter Berücksichtigung der Diskussionen und Auseinandersetzungen zum Thema Medien- und Internetnutzungskompetenz die in dieser Studie relevanten Forschungsfragen abgeleitet.

3   INTERNETSUCHT

Wie in den vorherigen Kapiteln bereits dargelegt, stellen sowohl das Internet allgemein als auch spezifische Online-Applikationen für die meisten Personen einen integralen Bestandteil des Alltags und ein Werkzeug dar, um Bedürfnisse zu befriedigen und individuelle Ziele zu erreichen. In den letzten Jahren berichteten jedoch immer häufiger sowohl Jugendliche als auch Erwachsene von Problemen im Alltag, die auf eine exzessive Nutzung des Internets zurückzuführen sind (z. B. Griffiths, 2000; Young, Pistner, O'Mara & Buchanan, 1999). „Exzessiv" meint in diesem Kontext eine so häufige und intensive Nutzung, die das selbst als sinnvoll/angenehm/angemessen empfundene Maß übersteigt und nicht gut kontrolliert werden kann. Ferner berichten Betroffene, dass die Nutzung des Internets und bestimmter Applikationen ihre Gedanken und ihr Verhalten maßgeblich bestimmen, sie sozialen Kontakt außerhalb des Internets vernachlässigen oder aber sich schlecht fühlen, wenn sie einmal nicht online sein können (z. B. Byun et al., 2009; Chou, Condron & Belland, 2005; Weinstein & Lejoyeux, 2010). Diese subjektiven Beeinträchtigungen werden von den Betroffenen selbst oder deren Angehörigen häufig ähnlich zu denen wahrgenommen, die bei anderen Suchtstörungen auftreten können. Zu betonen ist, dass es hierbei nicht einfach um ein „zu viel" der Internetnutzung geht, im Sinne der Überschreitung einer normativ gesetzten Grenze der Nutzungszeit. Vielmehr geht es darum, dass das Internet weiter genutzt wird, obwohl die Betroffenen negative Konsequenzen durch ihren Internetkonsum erleben. Dabei spielt die tatsächliche Nutzungszeit nur eine untergeordnete Rolle. Um es noch konkreter zu beschreiben: Eine Person kann beispielsweise recht kontrolliert und in den Alltag integriert durchschnittlich zwei Stunden täglich ein Online-Rollenspiel spielen, ohne dabei andere Aufgaben und Pflichten zu vernachlässigen und das Spiel auch nicht wesentlich zu vermissen, wenn sie nicht die Möglichkeit hat, zu spielen. In diesem Fall würde man nicht von Internetsucht sprechen. Anders kann es trotz geringerer Nutzungszeit aussehen. Ein Mann kann beispielsweise im Durchschnitt eine Stunde am Tag Internetpornografie konsumieren, erlebt aber negative Konsequenzen, beispielsweise Konflikte mit der Partnerin. Er kann sich schon mehrfach vorgenommen haben, seinen Internetpornografiekonsum einzuschränken und dabei gescheitert sein. Wenn er nicht die Möglichkeit hat, Internetpornografie zu konsumieren, hat er schlechte Laune, ist nervös und gereizt und denkt die ganze Zeit daran, wann er endlich wieder online gehen kann. Internetpornografie beschäftigt ihn mehr, als ihm lieb ist und er möchte den Konsum gern reduzieren, schafft es aber nicht. Dieser Mann hat einen subjektiven Leidensdruck. Sein Verhalten erfüllt die Kriterien für eine Internetsucht (vgl. Infobox zu *Diagnosekriterien einer Internetsucht*). Diese beiden Beispiele verdeutlichen, dass es nicht vorrangig um die Zeit geht, die jemand mit dem Internet oder einzelnen Internetapplikationen verbringt, sondern um die Weiternutzung trotz negativer Konsequenzen. Dieses Konzept ist auch im Kontext anderer Suchterkrankungen (beispielsweise Alkoholabhängigkeit) relevant.

Auch wenn dieses Verhalten bisher nicht als anerkannte Störung gilt, wird eine solche exzessive Internetnutzung mit einhergehenden subjektiven Beeinträchtigungen häufig als Internetsucht bezeichnet (zum ersten Mal durch Young, 1996). Weitere Termini für dieses Phänomen sind unter anderem „pathologische" oder auch „problematische Internetnutzung" und werden im Folgenden weitestgehend synonym verwendet. Neben der Klassifikation und möglichen Diagnosekriterien einer Internetsucht werden im folgenden Kapitel unter anderem aktuell beobachtete Prävalenzraten, Erscheinungsformen, psychologische Determinanten sowie der aktuelle Forschungsstand zu diesem Bereich dargestellt.

3.1 PRÄVALENZEN

Auch wenn die klinische Relevanz des Phänomens unstrittig ist, sind derzeitige Schätzungen der Prävalenzrate (das heißt der Auftrittshäufigkeit in der Gesamtbevölkerung und in bestimmten Bevölkerungsgruppen) noch vergleichsweise ungenau. So werden in internationalen Überblicksartikeln Prävalenzraten zwischen 1.5 Prozent und 8.2 Prozent berichtet (Weinstein & Lejoyeux, 2010). Je nach Population werden sogar Raten von bis zu 26.7 Prozent angenommen wie zum Beispiel in Hong Kong (Kuss, Griffiths, Karila & Billieux, 2014). In einer repräsentativen Befragung für den deutschsprachigen Raum wurde eine Prävalenzrate von einem Prozent der Gesamtbevölkerung ermittelt (Rumpf, Meyer, Kreuzer & John, 2011), wobei dabei anzumerken ist, dass Jugendliche und junge Erwachsene häufiger betroffen sind (ca. 3.5 Prozent). Die Schwierigkeit einer genauen Schätzung der Auftretenswahrscheinlichkeit einer Internetsucht liegt vor allem daran, dass es derzeit keinen international anerkannten Standard hinsichtlich der Diagnosekriterien sowie diagnostischer Erhebungsinstrumente gibt.

3.2 KLASSIFIKATION, DIAGNOSTIK UND ERSCHEINUNGSFORMEN

Wie bereits erläutert steht die klinische Bedeutsamkeit einer Internetsucht oder pathologischen Internetnutzung sowohl bei Personen, die in der Forschung tätig sind als auch bei Mitarbeitern der Versorgung nicht in Frage. Dennoch herrscht Uneinigkeit bezüglich der Klassifikation und Einordnung des Phänomens (vgl. Charlton & Danforth, 2007). Kimberly Young, die US-amerikanische Pionierin der Internetsucht-forschung, die bereits seit Mitte der 90er Jahre Fallbeschreibungen und theoretische Arbeiten zum Thema publiziert, spricht sich dafür aus, dass die Diagnosekriterien, die sowohl für Substanzabhängigkeiten (zum Beispiel Cannabis- oder Alkoholabhängigkeit) als auch Verhaltenssüchte (zum Beispiel pathologisches Glücksspiel) festgelegt wurden, auch für die Diagnose einer Internetsucht angewandt werden sollten (Young, 2004). Inzwischen sprechen sich auch weitere Autoren für die Klassifizierung einer pathologi-sche Internetnutzung als Verhaltenssucht aus und bezeichnen diese dementsprechend als „Internet addiction" (z. B. Brand, Laier & Young, 2014; Brand, Young, et al., 2014; Chou et al., 2005; Hansen, 2002; Widyanto & Griffiths, 2006). Andere Autoren hingegen sehen eine pathologische Internetnutzung vielmehr als Impulskontrollstörung und präferieren den Terminus des „compulsive Internet use" (z. B. Meerkerk, van den Eijnden & Garretsen, 2006; Meerkerk, van den Eijnden, Vermulst & Garretsen, 2009). Darüber hinaus werden in zahlreichen Arbeiten zu diesem Thema weitere Bezeichnun-gen für das Phänomen verwendet, wie zum Beispiel „Internet related addictive behavior" (Brenner, 1997), „Internet related problems" (Widyanto, Griffiths, Brunsden & McMurran, 2008), „problematic Internet use" (Caplan, 2002) oder aber „pathological Internet use" (Davis, 2001).

Im aktuellen Diagnostic and Statistical Manual of Mental Disorders 5 (DSM-5; American Psychiatric Association, 2013) – das etablierte internationale Klassifikations-system psychischer Störungen – wurde die „Internet Gaming Disorder" als Forschungs-diagnose in die zugehörige Sektion III aufgenommen. Es handelt sich somit zwar noch nicht um eine anerkannte psychische Störung, die erstmalige Aufnahme in die Sektion der Forschungsdiagnosen unterstreicht jedoch, dass es hinreichende empirische Hinweise auf die Existenz einer solchen Störung gibt. Zukünftige Forschung in diesem Bereich sollte somit das Ziel verfolgen, zu prüfen, ob und in welcher Form eine unkontrollierte, im Sinne einer süchtigen Internetnutzung dem Vorbild einer klinischen Störung ent-sprechen kann. Allerdings ist kritisch zu konstatieren, dass im DSM-5 eine Einschrän-kung auf Internet Games vorgenommen wurde. Das bedeutet, dass andere Formen der Internetnutzung, die ebenfalls süchtig genutzt werden können, nicht explizit ein-geschlossen sind. Obwohl bereits seit über zehn Jahren von verschiedenen Autoren argumentiert wird, dass auch Cybersex, Online-Shopping sowie verschiedene weitere Applikationen unkontrolliert und süchtig genutzt werden können (vgl. Brand, Young, et al., 2014; Meerkerk et al., 2009) und es Patienten gibt, die berichten, von einer dieser Applikationen abhängig zu sein, wird diesem Umstand im aktuellen DSM-5 noch nicht Rechnung getragen. Dies ist der Tatsache geschuldet, dass sich die Mehrheit der bislang publizierten Studien auf Internet Games konzentriert oder die verschiedenen Nutzungsarten nicht differenziert.

Zentral ist die Grundannahme in den vorgeschlagenen Diagnosekriterien, dass im Rahmen einer Internetsucht die gleichen Symptome zu beobachten sind, wie es auch bei stoffgebundenen Süchten und anderen Verhaltenssüchten wie der Internet Gaming Disorder der Fall ist.

Diagnosekriterien einer Internetsucht angelehnt an die Diagnosekriterien einer Internet Gaming Disorder
(vgl. Brand & Laier, 2013; Griffiths, 2005)

1. **Das Internet als Hauptbeschäftigung**
   Gedanken über die vergangenen oder die kommenden Internetaktivitäten; Nutzung des Internets als vorherrschende Aktivität im Alltag

2. **Entzugssymptome**
   Typischerweise Symptome wie Reizbarkeit, Ängstlichkeit oder Traurigkeit, wenn das Internet nicht genutzt werden kann; keine körperlichen Anzeichen

3. **Toleranzentwicklung**
   Das Bedürfnis immer mehr Zeit für die eigene Internetnutzung aufzubringen

4. **Kontrollverlust**
   Erfolglose Versuche die eigene Internetnutzung zu kontrollieren

5. **Interessensverlust**
   Verlust des Interesses an früheren Hobbies und Freizeitbeschäftigungen als Ergebnis der eigenen Internetnutzung

6. **Fortsetzung der Internetnutzung**
   Zum Beispiel auch dann, wenn bereits psychosoziale Probleme entstanden sind

7. **Verfälschte Darstellung**
   Zum Beispiel gegenüber Familienmitgliedern oder Therapeuten wird die Dauer der eigenen Internetnutzung verschwiegen oder falsch dargestellt

8. **Reduktion negativer Stimmung**
   Die Nutzung des Internets um negative Stimmung zu vermeiden oder davor zu flüchten wie Gefühle von Hilflosigkeit, Schuld, Ängstlichkeit

9. **Das Riskieren negativer Konsequenzen**
   Erhöhtes Risiko wichtige Beziehungen oder schulische und berufliche Chancen durch die eigene Internetnutzung zu verlieren

---

Bis heute wurden diverse Diagnoseinstrumente entwickelt, die sich in den meisten Fällen an den oben genannten Kriterien von stoffgebundenen und Verhaltenssüchten orientieren. Mittels Fragebögen oder Interviews wird dabei erfasst, inwieweit subjektive Belastungen bei den Betroffenen vorliegen, die auf eine pathologische Nutzung des Internets zurückzuführen sind oder damit einhergehen. Das erste publizierte Instrument wurde von Young (1998a) vorgelegt und erfragt mittels acht Items (Antwortformat ja/nein), ob bei einer Person Hauptsymptome einer Internetsucht vorliegen. Bei Personen, die insgesamt fünf oder mehr Fragen mit ja beantwortet haben, kann von einer „süchtigen" Nutzung des Internets ausgegangen werden. Allerdings dienen diese Fragen lediglich der ersten Orientierung und Kimberly Young schlägt selbst vor, die Fragen, die mit ja beantwortet werden, als Ausgangspunkt zu nehmen, um mit den Betroffenen die Problematik vertieft zu analysieren. Da dieser Fragebogen nur wenig Auskunft über die Schwere der Belastungen von Betroffenen gibt, wurde ebenfalls von Young (1998a) der „Internet Addiction Test" (IAT) entwickelt. Dieser Fragebogen erfasst mithilfe von 20 Fragen und Aussagen, die jeweils auf einer fünf-stufigen Skala von „nie/selten" bis „immer" zu beantworten sind, verschiedene Anzeichen einer pathologischen Internetnutzung und erlaubt es somit auch, quantitative Einschätzungen zu einzelnen Symptomen vorzunehmen. Der IAT ist der in internationalen Studien als Diagnoseinstrument am häufigsten eingesetzte Fragebogen. Er wurde unlängst in verschiedene Sprachen übersetzt und weist insgesamt gute psychometrische Werte auf (Widyanto & McMurran, 2004). Für den deutschsprachigen Raum wurde inzwischen auch eine Kurzversion des IAT (short Internet Addiction Test; s-IAT) mit lediglich zwölf Items entwickelt und methodisch geprüft (Pawlikowski, Altstötter-Gleich & Brand, 2013). In weiteren Studien wurden zudem modifizierte Versionen des s-IAT eingesetzt, die ebenfalls die Symptomschwere bei Formen einer spezifischen Internetsucht erfassen. So liegen unter anderem bereits Versionen zur Erfassung von Suchttendenzen gegenüber nach Internetsex, Online-Gaming und SNS vor (Laier, Pawlikowski, Pekal, Schulte & Brand, 2013; Pawlikowski et al., 2014; Wegmann, Stodt & Brand, im Druck). Weitere Fragebögen im Bereich der Internetsucht sind die „Internetsuchtskala" (ISS; Hahn & Jerusalem, 2010), die „Internet Related Problem Scale" (Armstrong, Phillips & Saling, 2000; Widyanto et al., 2008), die „Compulsive Internet Use Scale" (Meerkerk et al., 2009), die „Online Cognitive Scale" (Davis, Flett & Besser, 2002), der „Problematic Internet Use Questionnaire" (Thatcher & Goolam, 2005), die „Generalized Problematic Internet Use Scale" (Caplan, 2002) sowie im klinischen Kontext die Skala zum „Assessment of Internet and Computer Game Addiction" (Wölfling, Beutel & Müller, 2012; Wölfling, Müller & Beutel, 2010), die es sowohl als Fragebogen als auch als Interview gibt. Leider entsprechen die psychometrischen

Gütekriterien (Reliabilitäten und vorgeschlagene Faktorlösungen) nicht bei allen Fragebögen den internationalen Maßstäben und Standards, was ähnlich wie bei der Unstimmigkeit über die Klassifikation von Internetsucht die Vergleichbarkeit der Ergebnisse verschiedener Studien erschwert.

Wie bereits erwähnt wird derzeit diskutiert, inwiefern Personen wirklich gegenüber dem Medium Internet an sich abhängig sein können (generalisierte Internetsucht) oder aber eher gegenüber bestimmten Angeboten, wie zum Beispiel Online-Glücksspiel, Online-Gaming, Internetsex, Online-Shopping oder Online-Kommunikation (spezifische Internetsucht). Die generalisierte Form ist als unkontrollierte und exzessive Nutzung mehrerer Internetangebote zu verstehen, bei der die betroffen Personen darunter leiden, mehr Zeit als beabsichtigt mit den verschiedenen Internetangeboten zu verbringen, ohne dabei eine spezifische Applikation zu favorisieren. Viele Personen haben jedoch eine „first-choice"-Applikation, das heißt sie nutzen einzelne Angebote unkontrolliert. Young und Kollegen (1999) definieren bereits früh verschiedene Internetnutzungsformen, die exzessiv auftreten können und häufig mit einer pathologischen Nutzung in Verbindung gebracht werden. Sie unterscheiden fünf Kategorien:

1. Cybersexual addiction (compulsive use of adult websites for cybersex and cyberporn)
2. Cyber-relationship addiction (overinvolvement in online relationships)
3. Net compulsions (obsessive online gambling, shopping, or online trading)
4. Information overload (compulsive web surfing or database searches)
5. Computer addiction (obsessive computer game playing)

Davis (2001) spricht sich in seinem kognitiv-behavioralen Modell zur Entstehung und Aufrechterhaltung einer Internetsucht ebenfalls für eine Unterscheidung zwischen generalisierter und spezifischer Internetsucht aus. Dabei geht er davon aus, dass die generalisierte Form insbesondere die Nutzung kommunikativer Internetangebote umfasst. Weiter wird postuliert, dass bereits vorliegende psychische Symptombelastungen, wie Depressivität oder soziale Ängstlichkeit, die Wahrnehmung bestimmter Belohnungsreize des Internets verstärken sowie gleichzeitig negative Gefühle reduzieren können. Für die Entstehung einer spezifischen Internetsucht müssen nach Davis zusätzlich spezifische Anfälligkeiten für exzessive Verhaltensweisen vorhanden sein, welche auch außerhalb des Internets die Entwicklung einer entsprechenden Verhaltenssucht begünstigen können (zum Beispiel Spielsucht oder Sexsucht). Bei einer generalisierten und nicht auf eine einzelne Internetfacette ausgerichteten Internetsucht hingegen spielt an dieser Stelle insbesondere der Faktor der sozialen Isolation als persönliche Prädisposition eine entscheidende Rolle. Aktuelle Arbeiten greifen immer häufiger die Unterscheidung zwischen generalisierter und spezifischer Internetsucht auf und es wurden bereits entsprechende theoretische Modelle vorgeschlagen (z. B. Brand, Young und

Laier, 2014; vgl. dazu Kapitel 3.4). Hierbei wird jedoch im Gegensatz zum Modell von Davis (2001) postuliert, dass auch die pathologische Online-Kommunikation, zum Beispiel via SNS, Kriterien einer spezifischen Internetsucht erfüllen kann.

3.3 AKTUELLER FORSCHUNGSSTAND

3.3.1 PERSÖNLICHKEIT UND SOZIALE ASPEKTE

In der Internetsuchtforschung werden meistens Befragungen mit großen Stichproben in (onlinegestützten) Fragebogenstudien mit dem Ziel durchgeführt, Persönlichkeits- und Verhaltenskorrelate der süchtigen Internetnutzung zu eruieren. Dies resultiert in einer Differenzierung von Prädiktoren einer pathologischen Nutzung in Personenmerkmale sowie individuelle kognitive Eigenschaften.

Zahlreiche empirische Arbeiten konnten aufzeigen, dass das Auftreten der Symptome einer Internetsucht vermehrt mit bestimmten Personenmerkmalen wie Depressivität und sozialer Ängstlichkeit (Weinstein & Lejoyeux, 2010; Whang, Lee & Chang, 2003; Yang, Choe, Baity, Lee & Cho, 2005) einhergehen. Aber auch weitere Persönlichkeitsakzentuierungen wie Schüchternheit, geringer Selbstwert, geringe Selbstwirksamkeitserwartung, fehlende wahrgenommene soziale Unterstützung und Einsamkeit werden mit einer Internetsucht assoziiert (Brand, Laier, et al., 2014; Caplan, 2007; Ebeling-Witte, Frank & Lester, 2007; Hardie & Tee, 2007; Kim, LaRose & Peng, 2009; Pawlikowski et al., 2014; Thatcher & Goolam, 2005; Thatcher, Wretschko & Fridjhon, 2008). Dies bedeutet, dass Personen, die sich weniger gut in ihr soziales Umfeld eingebettet fühlen und sich möglicherweise bevorzugt dem Internet zuwenden, um sozialen Austausch zu erfahren, mit einem höheren Risiko einer pathologischen Nutzung des Internets oder einzelner Anwendungen konfrontiert zu sein scheinen. Menschen, die weniger isoliert leben oder keine Schwierigkeiten haben, mit anderen Personen in Kontakt zu treten, haben hingegen eine geringere Wahrscheinlichkeit, das Internet unkontrolliert zu nutzen. Zusätzlich wird deutlich, dass bei den Betroffenen häufig eine erhöhte Stressanfälligkeit vorliegt und im Umgang mit schwierigen Situationen oder Konflikten eine problemvermeidende Strategie gewählt wird (Brand, Laier, et al., 2014; Ebeling-Witte et al., 2007). Dies konnte unter anderem in einer aktuellen Arbeit von Brand, Laier und Young (2014) herausgearbeitet werden, in der das postulierte Modell zur Entstehung und Aufrechterhaltung einer generalisierten Internetsucht empirisch überprüft wurde (vgl. dazu Kapitel 3.4). Sie konnten zeigen, dass Variablen wie Persönlichkeit, Stressanfälligkeit und auch subjektiv empfundene soziale Eingebundenheit maßgeblich mit den Symptomen einer Internetsucht zusammenhängen. Diese Faktoren sollten allerdings nicht isoliert betrachtet werden, da sie miteinander interagieren. Auch wurde demonstriert, dass ein direkter Effekt individueller und sozialer Personenmerkmale durch die Verwendung ungünstiger, möglicherweise sogar dysfunktionaler Bewältigungsstrategien (dysfunktionaler Copingstile) sowie hohen Erwartungen an das Internet als Möglichkeit, vor Problemen zu flüchten oder positive Gefühle zu erfahren, vermittelt wird (Brand, Laier, et al., 2014). Daraus lässt sich außerdem schlussfolgern, dass konfliktvermeidende Persönlichkeitsstrukturen und die möglicherweise daraus resultierende Zuwendung zum Internet zu einer subjektiv empfundenen Verstärkung führen. Einhergehend mit sich entwickelnden Konditionierungsprozessen und einer wiederholten Ausführung dieses Verhaltens wird das Internet nun als Instrument wahrgenommen, um eigene Defizite „aufzufangen", da man sich im anonymen Raum gegebenenfalls selbstsicherer, weniger einsam und sozial eingebunden wahrnimmt. Es könnte außerdem die Erfahrung gemacht werden, dass Schwierigkeiten oder Konflikte als weniger bedrohlich empfunden werden, wodurch sich das Internet als Problemlösestrategie anbietet (zum Beispiel Eskapismus). Dies ist jedoch nur eine subjektive Empfindung der Betroffenen. Verschiedene Modelle aus der Suchtforschung betonen vielmehr, dass bestehende, vulnerable Persönlichkeitseigenschaften bestehen bleiben oder sogar verstärkt werden. Da das Internet nicht real lösungsorientiert ist, werden andere Bewältigungsmechanismen verlernt oder gar nicht mehr angewandt. Der daraus resultierende „Teufelskreis" kann nun die Entwicklung einer Internetsucht begünstigen oder auch die Ausprägungen einzelner Symptome verstärken. Einige Autoren nehmen sogar an, dass das wesentliche Element einer Internetsucht ein dysfunktionaler Copingstil ist und die Betroffenen mittels der Internetnutzung subjektive Defizite im realen Leben kompensieren (Kardefelt-Winther, 2014).

3.3.2 NEUROPSYCHOLOGISCHE KORRELATE DER INTERNETSUCHT

Neben diesen differentiell-psychologischen Befunden spielen auch neuropsychologische Leistungen wie Entscheidungsverhalten, Arbeitsgedächtnis, Interferenzanfälligkeit oder Impulskontrolle eine zentrale Rolle bei der Entwicklung und Aufrechterhaltung einer Internetsucht (z. B. Dong, Lu, Zhou & Zhao, 2010; Pawlikowski & Brand, 2011; Sun et al., 2009; Zhou, Yuan, Yao, Li & Cheng, 2010). Verschiedene Studien haben auch das Zusammenspiel von Internetsucht und verschiedenen Exekutivfunktionen untersucht, also höheren Hirnfunktionen, die an der Steuerung und Kontrolle von Verhalten beteiligt sind. Dabei werden vor allem Fähigkeiten subsummiert, die bei einer Abweichung von einer automatisierten Handlungssituationen erforderlich sind (Drechsler, 2007). Diese neuropsychologischen Prozesse umfassen Fähigkeiten wie das Planen, das Organisieren von Aufgaben, die Inhibitionsleistung, den Wechsel zwischen verschiedenen Aufgaben und die Überwachung von Handlungen (E. E. Smith & Jonides, 1999), aber auch Funktionen des Arbeitsgedächtnisses und der Problemlösefähigkeit. Gleichzeitig spielen sie eine zentrale Rolle beim Verständnis der Aufrechterhaltung eines unkontrollierten Verhaltens wie stoffgebundenen und stoffungebundenen Süchten, sowie Impulskontrollstörungen, wobei verminderte Leistungen exekutiver Funktionen über verschiedene Patientengruppen hinweg gezeigt wurden (z. B. Brand, Kalbe, et al., 2005; Brand, Roth-Bauer, Driessen & Markowitsch, 2008; Dong et al., 2010; Goudriaan, de Ruiter, van den Brink, Oosterlaan & Veltman, 2010; Goudriaan, Grekin & Sher, 2011; Pawlikowski & Brand, 2011; Sun et al., 2009; Verdejo-García, Bechara, Recknor & Pérez-García, 2006, 2007; Verdejo-García et al., 2010; Zhou et al., 2010). Konvergierende Befunde unterstreichen dabei, dass bei Internetsucht ähnliche Exekutivfunktionen wie bei anderen Verhaltenssüchten oder Substanzabhängigkeiten gemindert sind, sodass die Verwendung gleicher Standardverfahren zur Erfassung dieser Leistungen naheliegt.

Im Kontext neuropsychologischer Funktionen ist insbesondere das Entscheidungsverhalten der Betroffenen interessant. Es gilt die Frage zu beantworten: „Warum (oder wozu) treffen die Betroffenen immer wieder die Entscheidung, das Internet zu nutzen, obwohl sie dadurch negative Konsequenzen in ihrem Alltag erleben?" Die Antwort auf diese Frage – aus neuropsychologischer Perspektive – ist: „Weil die Internetnutzung kurzfristig Belohnung verspricht (zum Beispiel Entspannung durch das Spielen eines Online-Rollenspiels, sowie das Gefühl sich mächtig und gut zu fühlen) und die längerfristigen negativen Konsequenzen (zum Beispiel Vernachlässigung schulischer oder beruflicher Pflichten, Vernachlässigung von Freundschaften) in der entsprechenden Situation ausgeblendet werden." Dieser Frage und der Prüfung der recht alltagsnah formulierten Antwort gingen unlängst erste Studien zum Zusammenhang von Entscheidungsverhalten und Internetsucht nach. Diese Studien konnten mittels experimenteller Entscheidungsparadigmen in der Gesamtschau eine Präferenz für kurzfristige Belohnungen bei Personen mit Internetsucht demonstrieren. Ebenso konnte gezeigt werden, dass diese Präferenzen bestehen bleiben, auch wenn längerfristig Nachteile und negative Konsequenzen erlebt werden. Außerdem weisen die Betroffenen eine Tendenz auf, auf bestimmte Reize (solche, die mit der entsprechenden Internetapplikation assoziiert sind) automatisch zu reagieren, anstatt diese zu unterdrücken. Ein Testverfahren, das häufig in Studien zum Entscheidungsverhalten eingesetzt wird, ist die „Iowa Gambling Task" (IGT; Bechara, Tranel & Damasio, 2000). Sie erfasst Entscheidungen unter Ambiguität, also Entscheidungen ohne explizite Kenntnisse über

Konsequenzen, Gewinn- und Verlustwahrscheinlichkeiten sowie dazugehörige Kontingenzen. Die IGT ist eine Glücksspielaufgabe, bei der sich Probanden wiederholt zwischen verschiedenen Alternativen entscheiden müssen, immer mit dem Ziel langfristig möglichst viel Geld zu gewinnen. Die einzelnen Alternativen, hier Kartenstapel, sind mit unterschiedlichen Gewinnen und Verlusten assoziiert, wobei zwei Kartenstapel langfristig vorteilhaft sind und zu mehr Gewinn als Verlust und zwei weitere Kartenstapel auf Dauer zu einer nachteiligen Konsequenz führen. Zu Beginn der Bearbeitung hat die oder der Ausführende darüber jedoch keine genauen Informationen und muss die Regeln im Laufe des Spiels anhand impliziter, unbewusster Prozesse wie der Verarbeitung des Feedbacks erlernen, um dadurch eine langfristig vorteilhafte Strategie zu entwickeln (Bechara, Damasio, Tranel & Damasio, 1997; Brand, Recknor, Grabenhorst & Bechara, 2007). Diese Aufgabe wurde schon bei verschiedenen Patientengruppen mit einer Suchterkrankung eingesetzt (Brand, Labudda & Markowitsch, 2006; Dunn, Dalgleish & Lawrence, 2006), wobei die Teilnehmenden stets ein ähnliches Muster zeigten. So lagen Defizite vor, die langfristig vorteilhaften Kartenstapel zu erkennen, was dazu führte, dass Betroffene sich signifikant häufiger für die eher riskanten und mit einer kurzfristigen Belohnung assoziierten Kartenstapel entschieden. Dieses Ergebnis konnte für exzessive Internetnutzerinnen und -nutzer (Sun et al., 2009) und mit einer modifizierten Aufgabenversion auch für Personen mit einer Tendenz zur Internetsexsucht (Laier, Pawlikowski & Brand, 2014) repliziert werden. Nicht gezeigt werden konnte dies für exzessive Online-Gamer, hier Spieler von World of Warcraft (WoW), in einer Untersuchung von Ko und Kollegen (2009).

Ist die Entscheidungssituation jedoch expliziter und sind die Regeln für Gewinn, Verlust, Eintrittswahrscheinlichkeiten und daraus resultierende Konsequenzen bekannt, spricht man von Entscheidungen unter Risikobedingungen. In solchen Situationen scheinen hohe Gewinne für exzessive WoW-Spieler attraktiver als niedrige, aber langfristig sicherere Gewinne zu sein (Pawlikowski & Brand, 2011). Dafür wurde die „Game of Dice Task" (GDT; Brand, Fujiwara, et al., 2005) eingesetzt, eine weitere Glücksspielaufgabe, die diese Entscheidungssituationen unter Risikobedingungen untersucht (siehe Abbildung 4). Bei dieser Aufgabe werden die Probanden aufgefordert, in 18 Runden möglichst viel Geld zu gewinnen. Dabei muss in jeder Runde erraten werden, welche Zahl bei einem Würfel gewürfelt wird. Die Probandin oder der Proband hat die Wahl zwischen dem Setzen auf genau eine Zahl oder auf eine Kombination aus Zahlen, wobei der Gewinn und Verlust je nach Wahrscheinlichkeit des Gewinns gestaffelt wird. Langfristig gesehen ist anhand der Eintrittswahrscheinlichkeiten deutlich, dass das Setzen auf Kombinationen bestehend aus drei oder vier Würfeloptionen trotz geringerer Gewinn- und Verlustbeträge eher zu einem Gewinn führt als das

Setzen auf eine Zahl. Hier sind zwar die Gewinn- und Verlustbeträge höher, aber die Wahrscheinlichkeit zu gewinnen beträgt lediglich 1 : 6. Diese Aufgabe ermöglicht den Probanden ein strategisches Vorgehen anhand der Verwendung exekutiver Funktionen, aber auch die Verarbeitung des akustischen und visuellen Feedbacks spielt eine entscheidende Rolle. Bei verschiedenen Patientengruppen konnten auch hier Defizite im Entscheidungsverhalten festgestellt werden, die verdeutlichen, dass bei einer neurologischen Erkrankung aber auch diversen stoffgebundenen und -ungebundenen Süchten keine Verarbeitung des Feedbacks oder Anwendung einer Strategie vorlag. Vielmehr wurden riskantere und auch kurzfristig gewinnbringende Alternativen bevorzugt (Brand, Franke-Sievert, Jacoby, Markowitsch & Tuschen-Caffier, 2007; Brand, Kalbe, et al., 2005; Labudda, Wolf, Markowitsch & Brand, 2007). Wie schon in der Arbeit von Pawlikowski und Brand (2011) kann dieses Verhalten auf mögliche Mechanismen, die zur Aufrechterhaltung einer unkontrollierten Handlung im Alltag führen, übertragen werden. Trotz erlebter negativer Konsequenzen durch das wiederholte Ausüben einer Handlung, wie die ständige Zuwendung zum Spiel oder dem Internet generell, scheinen betroffene Personen die kurzfristige Belohnung als erlebte Gratifikation stets zu bevorzugen statt die langfristig negativen Konsequenzen zu berücksichtigen (Brand & Laier, 2013).

ABBILDUNG 4:
Screenshot der Game of Dice Task zur Erfassung von riskantem Entscheidungsverhalten (GDT; Brand, Fujiwara, et al., 2005)

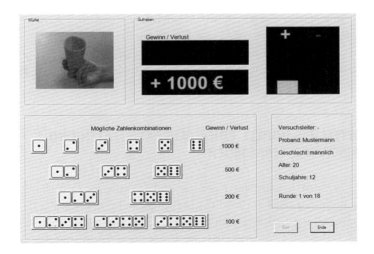

Neben dem Entscheidungsverhalten spielen auch weitere neuropsychologische Prozesse wie Inhibitionsleistungen und kognitive Flexibilität eine entscheidende Rolle bei der Ermittlung von Faktoren, die eine pathologische Internetnutzung begünstigen. Jedoch kann in diesem Zusammenhang bislang nur auf einzelne Arbeiten verwiesen werden, die zudem noch leicht heterogene Befunde ermittelt haben. In der Studie von Pawlikowski und Brand (2011) konnten keine Unterschiede zwischen den Online-Gamern und den Kontrollprobanden hinsichtlich einzelner Merkmale wie logischem Denken als Maß für fluide Intelligenz ermittelt werden. In der Studie von Sun und Kollegen (2009) zeigten Personen mit einer Internetsucht ebenfalls keine Einschränkungen in ihrer Inhibitionsleistung und kognitiver Kontrolle. Dies ist konsistent mit Arbeiten von Dong und Kollegen (2010), die auf Verhaltensebene ebenfalls keine Unterschiede bei der Bearbeitung dieser Aufgabe feststellten. Erst bei der Betrachtung neurophysiologischer Daten wird ein Unterschied erkennbar, der verdeutlicht, dass eine leichte Minderung der Inhibitionskontrolle vorliegt (vgl. Brand & Laier, 2013; Dong et al., 2010). Hierbei ist jedoch insgesamt kritisch anzumerken, dass die einzelnen Forscher die Aufgabe stets mit neutralen Reizen durchführten, die in diesem Zusammenhang gegebenenfalls nicht ergiebig für die Fragestellung waren. Es wäre nun unter Berücksichtigung der Relevanz von Cue-Reactivity (das heißt dem automatischen „Anspringen" auf die mit dem Internet assoziierten Reize) interessant zu prüfen, welche Rolle suchtassoziierte Reize bei der Inhibitionsleistung spielen. Dies ist angelehnt an die Arbeit von Brand und Laier (2013) sowie Laier und Kollegen (2014), die ebenfalls mit suchtassoziierten Reizen arbeiten und eine Reduktion kognitiver Funktionen bei der Konfrontation mit belastendem Material fanden (Brand & Laier, 2013).

Der Einfluss individueller Merkmale wie Persönlichkeit, sozialer Facetten, aber auch neuropsychologischer Faktoren sollen nun für weitere Bereiche der Internetsucht aber auch der pathologischen Nutzung von SNS erweitert werden. Dies basiert grundlegend auf theoretischen Überlegungen sowie modellspezifischen Annahmen, die im nächsten Abschnitt vorgestellt werden.

3.4 THEORETISCHES MODELL EINER GENERALISIERTEN UND SPEZIFISCHEN INTERNETSUCHT

Seit einigen Jahren werden verschiedene Konzepte und Modelle zur Entstehung und Aufrechterhaltung stoffgebundener Süchte diskutiert. Unter anderem findet das Phasenkonzept des Wanting-Liking-Learning nach Berridge, Robinson und Aldridge (2009) viel Anerkennung. Dabei wird vermutet, dass im Kontext der Suchtentwicklung zunächst die positiven Wirkungen einer Substanz erlebt werden, die gemocht werden (Liking). Dies führt dazu, dass man die Substanz immer wieder einnehmen möchte (Wanting). Im Verlauf wird gelernt, schon auf interne oder externe Reize (zum Beispiel innere Anspannung oder die Konfrontation mit der Suchtsubstanz – wie etwa Alkohol – im Supermarkt) mit dem Drang, die Substanz konsumieren zu wollen, zu reagieren. Außerdem argumentieren mehrere Autoren, dass sowohl positive als auch negative Verstärkungsmechanismen sowie Prozesse der Verhaltenssteuerung und -kontrolle entscheidende Rollen im Kontext eines süchtigen Verhaltens einnehmen (Carter & Tiffany, 1999; Robinson & Berridge, 2008). Übertragen auf den Kontext der Internetnutzung meint positive Verstärkung das Hinzufügen eines angenehmen Reizes, wie das Erleben von Spaß und Unterhaltung während des Spielens eines Online-Games. Wie bei der operanten Konditionierung kann dies zu einer Verstärkung des Verhaltens führen und in diesem Fall die Wahrscheinlichkeit, das Verhalten (das Spielen eines Online-Games) erneut und länger auszuüben erhöhen. Negative Verstärkung dagegen meint die Eliminierung eines als unangenehm empfundenen Reizes und wird konkret zum Beispiel als das Ablenken von Problemen oder der Abbau von Stress durch die Nutzung des Internets oder spezifischer Internetangebote verstanden. Dies kann ebenfalls im Sinne der operanten Konditionierung die Wahrscheinlichkeit des wiederholten Auftretens des Verhaltens erhöhen. Zusammengefasst wird angenommen, dass es im Verlauf der Entwicklung einer Suchterkrankung dazu kommt, dass Reize, die besonders mit dem Konsum der Substanz oder dem entsprechenden Verhalten in Verbindung gebracht werden, ein Verlangen nach der Substanz oder dem Verhalten auslösen können (Craving). Dies kann sich ebenfalls mit Veränderungen auf neuropsychologischer und physiologischer Ebene äußern (Cue-reactivity). So reagieren beispielsweise Personen, die an einer Suchtstörung leiden auf die Präsentation von suchtassoziierten Bildern (zum Beispiel dem Bild eines alkoholischen Getränks) mit erhöhter Hautleitfähigkeit.

In jüngeren Arbeiten wurden die oben beschriebenen Konzepte und Modelle der Suchtforschung für den Bereich der Internetsucht adaptiert. Zentral ist dabei, dass auch bei der Entstehung und Aufrechterhaltung einer Internetsucht positive und negative Verstärkungsmechanismen im Sinne einer operanten Konditionierung bedeutsam sind. Außerdem kann davon ausgegangen werden, dass ein Verlust der Kontrolle über die eigene Internetnutzung mit einer Minderung individueller exekutiver Leistungen einhergeht (vgl. Brand, Young, et al., 2014).

Aufbauend auf das kognitiv-behaviorale Modell von Davis (2001) und oben erläuterte weitere theoretische Konzepte, entwickelten Brand, Young und Laier (2014) ein theoretisches Rahmenmodell, welches die bisherigen empirischen Ergebnisse hinsichtlich Persönlichkeits- und neuropsychologischer Korrelate zusammenfasst. Das Rahmenmodell gliedert sich in drei Modelle.

Das erste Modell umfasst dabei die grundlegenden Facetten einer funktionalen, das heißt gesunden und vorteilhaften Internetnutzung, die gut in den Alltag integriert ist (siehe Abbildung 5). Das Internet wird dabei als „Werkzeug" genutzt, um im Alltag persönliche Ziele zu erreichen und Bedürfnisse zu befriedigen. Unter den „spezifischen Personeneigenschaften" sind alle grundlegenden Merkmale einer Person zusammengefasst, wie Persönlichkeitsfaktoren oder Erfahrungen. Diese Kerncharakteristiken beeinflussen wiederum spezifische Kognitionen wie zum Beispiel die Erwartung durch die Nutzung bestimmter Internetangebote ein gesetztes Ziel leichter zu erreichen. Diese Erwartungen interagieren mit spezifischen Copingstilen. Insgesamt werden in diesem Teilmodell also die Schritte beschrieben, die eine Person durchläuft, wenn sie sich mit einem Wunsch oder Problem im Alltag konfrontiert sieht, sich diesem lösungsorientiert annimmt und die Erwartung hat, dass einzelne Internetapplikationen dabei hilfreich sein können, um das Problem zu lösen oder ein Ziel zu erreichen. Beispielsweise könnte eine Person mit der Aufgabe konfrontiert sein, für ein Abendessen mit Kolleginnen und Kollegen ein Restaurant vorzuschlagen und zu reservieren. Hat diese Person dann – aufgrund ihrer bisherigen Erfahrungen – die Erwartung, dass einzelne Internetapplikationen dafür hilfreich sein können, sucht sie diese auf. Wird das Ziel letztlich erreicht (z. B. eine überzeugende Restaurantempfehlung erhalten und die Reservierung online getätigt), erlebt die Person Gefühle der Zufriedenheit und „beendet" die Internetnutzung beziehungsweise die Nutzung des spezifischen Angebots. Gleichzeitig werden die funktionalen Internetnutzungserwartungen und das lösungsfokussierte Coping positiv verstärkt und die Wahrscheinlichkeit, dass in einer zukünftigen Situation ähnlich vorgegangen wird, steigt. Diese Schritte können selbstverständlich auch auf andere Internetnutzungsfacetten übertragen werden wie zum Beispiel die gezielte Nutzung von Online-Games um Freude zu erleben oder das Erleben von Zugehörigkeit durch die Nutzung von SNS.

Die Grundannahme des Teilmodells zur funktionalen Internetnutzung ist, dass die Nutzung des Internets explizit mit bestimmten Ziel- und Wunschvorstellungen zusammenhängt und beendet wird, wenn diese Wünsche erfolgreich befriedigt oder die Ziele erreicht wurden. Diese Form der Internetnutzung kann deshalb auch als „kontrollierte" und funktionale Internetnutzung bezeichnet werden, bei der die Zielerreichung im Vordergrund steht und nicht die Nutzung des Internets oder einer spezifischen Anwendung selbst.

ABBILDUNG 5:
Modell zur funktionalen Internetnutzung

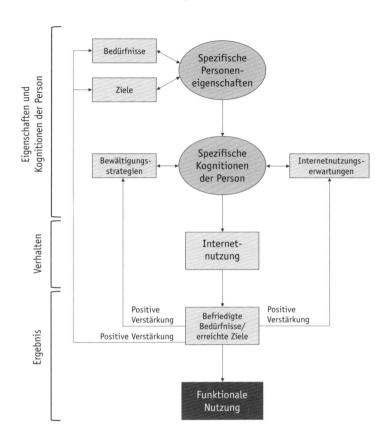

Quelle: Eigene Darstellung nach Brand, Young, & Laier, 2014.

Das zweite Modell spezifiziert den Einfluss psychopathologischer Korrelate und Persönlichkeitsaspekte bei der Entstehung und Aufrechterhaltung einer generalisierten Internetsucht, bei der die Betroffenen keine Applikation klar favorisieren, sondern verschiedene Internetangebote nutzen und darüber insgesamt die Kontrolle verlieren (siehe Abbildung 6). Damit ist gemeint, dass beispielsweise eine Person am Abend nach dem Abendessen noch „kurz" ein paar Informationen online einholen möchte (zum Beispiel auf Seiten von Tages- oder Wochenzeitungen), dann von einem Artikel zum nächsten gelangt, anschließend oder parallel noch auf SNS kommuniziert, dann auf Videoportalen noch Clips ansieht und parallel dazu auf Shopping- oder Auktionsseiten stöbert. Diese Person könnte schließlich feststellen, dass sie anstatt von 30 Minuten über vier Stunden online war, also deutlich länger als beabsichtigt, und dabei vergessen hat, dass sie eigentlich noch den Kindergeburtstag für ihre Tochter am nächsten Tag vorbereiten wollte.

Das Modell zur generalisierten Internetsucht berücksichtigt den theoretischen und empirischen Hintergrund vergangener Arbeiten. Analog zum Modell der funktionalen Nutzung wird auch hier davon ausgegangen, dass Personen mit einer generalisierten Internetsucht bestimmte Ziele und Bedürfnisse verfolgen. Hinzu kommen jedoch auch psychopathologische Symptombelastungen, insbesondere soziale Ängstlichkeit und Depressivität. Ebenso weisen Personen mit generalisierter Internetsucht oftmals dysfunktionale Persönlichkeitseigenschaften wie Stressanfälligkeit oder ein niedriges Selbstwertgefühl auf, sowie die Tendenz zur Prokrastination (Aufschieben unliebsamer Tätigkeiten und Pflichten). Zusätzlich nehmen sie sich häufig selbst als einsam oder sozial isoliert wahr. Wenn dann ungünstige, wenig lösungsfokussierte Bewältigungsstrategien vorliegen und die Person die Erwartung hat, dass die Nutzung von verschiedenen Internetangeboten zur Reduktion oder Ablenkung von negativen Gefühlen beitragen kann, ist es wahrscheinlicher, dass solche Internetangebote zur Bewältigung genutzt werden. Diese Erwartungen und Bewältigungsstrategien werden wiederum dann positiv verstärkt, wenn die Person tatsächlich erlebt, dass während der Nutzung des Internets alltägliche Probleme weniger bedrohlich wirken und sie sich womöglich selbstsicherer, selbstwirksamer und weniger einsam fühlt. Auch hier erhöht die positive Verstärkung, gemäß der zuvor beschriebenen Konditionierungsprozesse die Wahrscheinlichkeit, in vergleichbaren Situationen das Internet wieder zu nutzen. Gleichzeitig werden die bestehenden dysfunktionalen Personeneigenschaften durch negative Verstärkung gefestigt, da außerhalb der Internetnutzung weiterhin Gefühle der Isolation, depressive Symptome, soziale Ängstlichkeit etc. bestehen bleiben oder stärker werden. Dies erhöht zusätzlich die Wahrscheinlichkeit, in vergleichbaren Situationen das Internet zu nutzen. Grundsätzlich handelt es sich hierbei – analog zu den theoretischen Modellen stoffgebundener Süchte – um einen sich selbst positiv und negativ verstärkenden Kreislauf.

ABBILDUNG 6:
Modell zur generalisierten Internetsucht

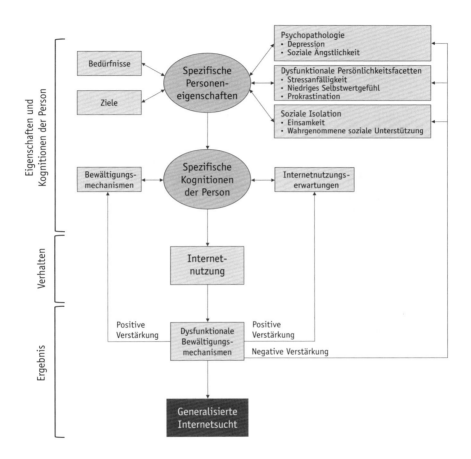

Quelle: Eigene Darstellung nach Brand, Young, & Laier, 2014.

Das Modell zur spezifischen Internetsucht adressiert die am häufigsten bei Betroffenen zu beobachtende Form einer Internetsucht, die sich auf die primäre Nutzung einer spezifischen Internetapplikation bezieht. Konkret bedeutet das, dass sich die eingangs beschriebenen Kriterien und Symptome lediglich auf eine Nutzungsart konzentrieren. Das heißt eine Person, die unter einer Online-Rollenspielsucht leidet, erlebt einen Kontrollverlust über die Nutzung eines Online-Rollenspiels (kann aber beispielsweise problemlos auf SNS Nachrichten antworten, ohne auf einer solchen Seite „hängen" zu bleiben). Auch das Symptom der Preoccupation, das heißt der mentalen Hauptbeschäftigung mit dem Medium, bezieht sich nicht auf das Internet generell, sondern auf die einzelne Applikation. Eine Person mit Online-Rollenspielsucht beispielsweise denkt dann an Online-Rollenspiele, wenn sie nicht die Möglichkeit hat, online zu sein, während eine Person mit Online-Sexsucht ständig an entsprechende Internetsexangebote denken muss. Mit anderen Worten: Bei einer spezifischen Internetsucht spielt nicht die Vielfalt des Internets die entscheidende Rolle, sondern die Attraktivität einzelner Internetnutzungsformen. Die wesentlichen Formen einer spezifischen Internetsucht beziehungsweise die Applikationen, die den „first-choice-use" bei einer spezifischen Internetsucht darstellen, sind: Online-Gaming, Online-Sex, Online-Kommunikation, Online-Gambling und Online-Shopping.

Das Modell zur spezifischen Internetsucht beinhaltet analog zum Modell zur generalisierten Internetsucht verschiedene psychopathologische Symptome als wichtige prädisponierende Persönlichkeitseigenschaften (siehe Abbildung 7). Hinzukommen hier jedoch zusätzliche spezifische Prädispositionen, die erklären können, warum eine Person beispielsweise ein süchtiges Verhalten beim Spielen von Online-Games entwickelt, eine andere Person jedoch eher eine Internetsexsucht. Bereits im Modell von Davis (2001) wurden solche spezifischen Prädispositionen postuliert und es wurde vermutet, dass das Medium Internet die Entwicklung eines süchtigen Verhaltens wahrscheinlicher macht oder gar beschleunigt, wenn sich zugleich bereits pathologische Verhaltensweisen außerhalb des Internets entwickelt haben. Auf kognitiver Ebene spielen insbesondere spezifische Internetnutzungserwartungen eine wichtige Rolle, das heißt die Erwartung durch spezifische Internetangebote Gratifikation zu erleben. Sowohl die spezifischen Nutzungserwartungen als auch die individuellen Prädispositionen werden unmittelbar positiv verstärkt.

ABBILDUNG 7:
Modell zur spezifischen Internetsucht

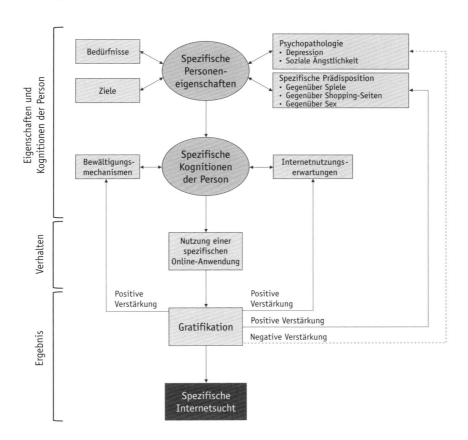

Quelle: Eigene Darstellung nach Brand, Young, & Laier, 2014.

Um das Modell zur spezifischen Internetsucht mit einfachen Worten zusammen-zufassen: Es wird vermutet, dass es nicht zufällig ist, dass Person A eine Online-Rollen-spielsucht entwickelt, während Person B eine Cybersexsucht und Person C eine Online-Shoppingsucht entwickelt. Person A hat dem Modell zufolge eine Vulnerabilität gegenüber Spielreizen. Sie möchte sich zum Beispiel gerne als selbstwirksam und einflussreich erleben, hat Freude an Erfolgserlebnissen in Spielen und erwartet aufgrund ihrer bisherigen Erfahrungen, dass dies besonders gut in Online-Rollenspielen erlebt werden kann. Person B reagiert besonders auf sexuelle Reize, weil sie eine ausgeprägte sexuelle Erregbarkeit hat. Zudem hat Person B vielleicht sexuelle Fantasien, die sie im Alltag nicht auslebt, aber die Erwartung, dass diese Fantasien durch Internetsexangebote befriedigt werden können. Person C hat zum Beispiel erhöhte Materialismusvorstel-lungen und erlebt beim Shopping positive Gefühle. Person C hat zudem die Erwartung, dass diese Gefühle besonders gut beim Online-Shopping erreicht werden können. Alle drei Personen wenden sich vermehrt und ausdauernder den spezifischen Internetapplika-tionen zu und erleben dann Belohnungsgefühle, weil die Erwartungen erfüllt werden. Zum Beispiel erlebt sich Person A als mächtig, weil sie ihren Avatar entwickelt, Erfolge erlebt (etwa virtuelle Statussymbole erwirbt) und Einfluss in der Online-Community hat. Person B findet durch die Vielfalt der Internetpornografieangebote sexuelle Be-friedigung, weil sie zur Fantasie passende Videos findet und diese als besonders sexuell erregend empfindet. Person C erlebt gute Gefühle, wenn sie in der Vielfalt der Online-Shoppingangebote „ein Schnäppchen" macht. Bei allen drei Personen führt die erlebte Belohnung (Gratifikation) zu einer Verstärkung der Erwartungen, dass das Internet „besser als alles andere" die persönlichen Wünsche und Bedürfnisse befriedigen kann. In der Konsequenz werden die entsprechenden Applikationen wieder und wieder auf-gesucht und die Kontrolle über die Nutzung wird geringer. Dabei spielen auch Aspekte des Mediums selbst eine wesentliche Rolle. Beispielsweise ist die einfache Verfügbarkeit der Angebote bedeutsam. Das Internet ist 24 Stunden am Tag, jeden Tag im Jahr verfügbar, sodass Wünsche ständig zeit- und raumunabhängig befriedigt werden kön-nen. Auch spielt die subjektive Anonymität beim Internetkonsum – insbesondere im Falle von Online-Sex und Online-Shopping – eine wesentliche Rolle.

Weitere Studien müssen in Zukunft das Rahmenmodell zur spezifischen Internet-sucht weiter für die einzelnen Formen einer spezifischen Internetsucht konkretisieren. Beispielsweise sollte konkretisiert werden, wie die spezifischen Prädispositionen für Games, Sex oder Shopping mit den Erwartungen an die Internetapplikationen inter-agieren, um genauer zu verstehen, wie es zur Entwicklung und Ausbildung der einzelnen Formen einer Internetsucht kommt.

4   CYBERMOBBING

In den letzten Jahren ist Cybermobbing durch mediale Berichterstattungen immer häufiger in den Fokus der Öffentlichkeit gerückt. Im Folgenden sollen zwei prominente Fälle beispielhaft dargestellt werden, um das Ausmaß und die möglichen Folgen für die Opfer zu verdeutlichen.

Ein Fall, der für eine bis dahin besonders breite öffentliche Wahrnehmung des Phänomens Cybermobbing sorgte, ist der von Amanda Todd, die über Jahre hinweg online schikaniert wurde. Die 15-jährige amerikanische Schülerin stellte ein Video ins Internet, in dem sie, ohne ihr Gesicht zu zeigen, auf handbeschriebenen Papierkarten über ihr Schicksal und dessen Folgen berichtete. In ihrem Fall waren Nacktaufnahmen, die sie viele Monate zuvor per E-Mail an einen unbekannten männlichen Chat-Partner geschickt hatte, über das Internet verbreitet worden. Amanda Todd hatte mehrmals die Schule gewechselt, jedoch konnte dies den immer wiederkehrenden Hänseleien und Beleidigungen ihrer Mitschüler nicht entgegenwirken, da sich die Bilder zu schnell und ohne dass sie selbst dagegen eingreifen konnte verbreiteten. Das Opfer konsumierte in der Folge vermehrt Alkohol und Rauschmittel und berichtete über regelmäßige Panikattacken. Eine Woche nach ihrem öffentlichen Hilferuf beging Amanda Todd Suizid.

Tyler Clementi beging im Alter von 18 Jahren Suizid, nachdem er von einem Zimmergenossen mit einer Webcam dabei gefilmt worden war, wie er einen Mann geküsst hatte, und der Zimmergenosse die Aufnahmen an Studierende der eigenen Universität weitergeleitet hatte. Das Video verbreitete sich in kürzester Zeit innerhalb der Universität und darüber hinaus. Wenige Tage später wurde das Cybermobbing fortgesetzt, indem der Zimmergenosse erneut einen Link unter Mitstudierenden verbreitete, diesmal zu einer Liveübertragung von einem weiteren Treffen des Opfers und seines Partners. Nach Veröffentlichung dieser Videos wurde das Opfer regelmäßig über das Internet und in der Universität beleidigt und beschimpft. Der psychische Druck, resultierend aus dem Eindringen in seine Privatsphäre und die ungewollte Offenlegung seiner sexuellen Orientierung resultierte im Suizid des Opfers.

Natürlich endet nicht jede Cybermobbing-Attacke im Suizid des Opfers. Aber diese Fälle machen deutlich, dass es sich bei Cybermobbing um ein Problem unter Jugendlichen und jungen Erwachsenen handelt, das schwerwiegende Folgen nach sich ziehen kann.

4.1 TRADITIONELLES MOBBING

Bevor auf das relativ neue Phänomen des Cybermobbings eingegangen wird, soll zunächst dessen „Grundform" – das traditionelle Mobbing – dargestellt werden. Mobbing kommt am Arbeitsplatz, dem Sportverein und insbesondere in der Schule am häufigsten vor. Nicht nur auf dem Schul- oder Heimweg, sondern auch im Klassenraum und auf dem Pausenhof findet Mobbing statt (Olweus, 1993; Pontzer, 2009). Die häufigsten Gründe einer Person, einen Schulkameraden zu mobben, sind die Aufwertung des eigenen Ansehens innerhalb des Freundeskreises, die Möglichkeit, sich auf diesem Weg mitzuteilen und wahrgenommen zu werden sowie der Spaß daran, andere leiden zu sehen (Cassidy, Jackson & Brown, 2009).

Erste Forschungsarbeiten zum Bereich des traditionellen Mobbings gehen vor allem auf Dan Olweus zurück, der sich seit Beginn der 1970er Jahre systematisch mit diesem Thema auseinandersetzt und mit Hilfe empirischer Arbeiten bereits verschiedene schulische Interventionsmöglichkeiten entwickelt hat. Nach seiner Definition spricht man dann von Mobbing, wenn ein Individuum wiederholt und über einen längeren Zeitraum negativen Handlungen seitens eines oder mehrerer Individuen ausgesetzt ist (Olweus, 1993). Eine solche negative Handlung äußert sich in erster Linie dadurch, dass jemand absichtlich einer anderen Person Schaden zufügt, was auch als aggressives Verhalten verstanden werden kann. Neben körperlichen Auseinandersetzungen können negative Handlungen auch durch beleidigende Gesten, Grimassen oder den absichtlichen Ausschluss aus einer Gruppe erfolgen. Zusätzlich weist Olweus (1993) in seinen Arbeiten darauf hin, dass zwischen Täter und Opfer meist ein Macht- und Kräfteungleichgewicht vorliegt, einhergehend mit Schwierigkeiten des Opfers, sich selbst zu verteidigen.

In einer weiteren Definition von Stephenson und Smith (1989) wird Mobbing als eine Form der sozialen Interaktion verstanden, in der eine dominantere Person aggressives Verhalten zeigt und so den Kummer einer weniger dominanten Person auslöst. Das aggressive Verhalten kann sich dabei auch bei Stephenson und Smith durch direkte körperliche oder verbale Angriffe oder indirekt, zum Beispiel durch sozialen Ausschluss, äußern.

Anhand der beiden dargestellten Ansätze wird deutlich, dass nicht jede aggressive Handlung gegenüber einer anderen Person als Mobbing verstanden werden kann und sollte. Die verschiedenen Definitionen des Phänomens beinhalten strenge Kriterien, die notwendig sind, um eine aggressive Handlung auch als Mobbing deklarieren zu können. Die Handlung muss zum einen wiederholt über einen längeren Zeitraum stattfinden. Zudem verfolgt der Täter dabei eine rein verletzende Absicht. Des Weiteren ist das Macht- und Kräfteverhältnis meist so ausgelegt, dass das Opfer dem Täter körperlich unterlegen ist. Eine Mobbinghandlung lässt sich, wie auch schon Stephenson und Smith (1989) vorschlagen, drei verschiedenen Arten zuordnen:

— Verbales Mobbing: Das Opfer wird beschimpft oder beleidigt.

— Physisches Mobbing: Das Opfer wird geschlagen, getreten oder anders körperlich verletzt.

— Relationales Mobbing: Gerüchte über das Opfer werden verbreitet oder es wird absichtlich aus einer Gruppe ausgeschlossen.

Diese drei Arten können wiederum zwei Kategorien zugeordnet werden. Kommt es zum direkten Aufeinandertreffen von Täter und Opfer (verbales und physisches Mobbing), spricht man von direktem Mobbing. Wird die Gewalt über Dritte vermittelt, das heißt die Aggression wird wie beim relationalen Mobbing nicht unmittelbar vom Täter am Opfer ausgeübt, so spricht man von indirektem Mobbing (Jackson, Cassidy & Brown, 2009; Ortega, Elipe, Mora-Merchán, Calmaestra & Vega, 2009) (siehe Abbildung 8).

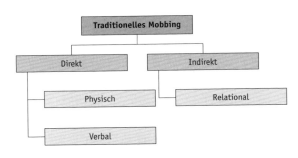

ABBILDUNG 8:
Kategorien und Arten des traditionellen Mobbings

4.2 DEFINITION UND ERSCHEINUNGSFORMEN VON CYBERMOBBING

In den letzten zehn Jahren setzte sich auch die Wissenschaft vermehrt mit dem Thema Cybermobbing auseinander, was sich zum einen an stetig wachsender empirischer Forschung und zum anderen an der steigenden Anzahl wissenschaftlicher Publikationen zu diesem Problem zeigt. Auch aufgrund des relativ jungen Forschungsbereiches, der zudem stark vom Wandel neuer Technologien und Trends beeinflusst wird (zum Beispiel die steigende Nutzung von SNS und mobiler Endgeräte wie Smartphones und Tablets), konnte sich bis heute noch keine einheitliche Definition der Begriffes Cybermobbing (Cyberbullying) etablieren. Es lässt sich jedoch feststellen, dass die in der Literatur am häufigsten zitierten Cybermobbing-Definitionen auch Kriterien des traditionellen Mobbings beinhalten. So beschreibt Cybermobbing ebenfalls eine von einer Einzelperson oder Gruppe begangene aggressive und vorsätzliche Handlung, welche über einen längeren Zeitraum gegenüber einer oder mehreren Personen stattfindet. Hinzu kommt – wie sich schon am Präfix „Cyber" erkennen lässt – dass Cybermobbing im virtuellen Raum erfolgt. Dabei kommen elektronische Kommunikationsmittel wie das Handy/Smartphone oder der Computer zum Einsatz. Ein direkter „Face-to-Face"-Kontakt zwischen dem Täter und seinem Opfer ist nicht zwingend notwendig (mehr zu Rollen im Cybermobbing in Kapitel 4.4). Smith und Kollegen (2008) heben in ihrer Definition die Grundkomponenten des Cybermobbings besonders hervor und definieren Cybermobbing als

> *„aggressive, intentional act, carried out by a group or individual, using electronic forms of contact, repeatedly and over time against a victim who cannot easily defend him or herself"* (S. 376).

Weiter unterscheiden Sie dabei zwischen verschiedenen Medien, über die Cybermobbing stattfinden kann. Dazu zählt Cybermobbing via Telefonanrufen, Textnachrichten, Fotos und Videoclips, E-Mails, Instant Messenger, in Chatrooms und auf Webseiten.

Weitere Definitionen des Phänomens greifen das vom traditionellen Mobbing bekannte Merkmal des Kräfteungleichgewichts zwischen Täter und Opfer auf. Hier bleibt jedoch bislang unklar und weiter zu diskutieren, wie sich dieses Ungleichgewicht beim Cybermobbing darstellt. Einige Autoren sprechen sich klar dafür aus, dass Cybermobbing-Täter gegenüber ihren Opfern eine höhere technische Expertise etwa im Umgang mit Kommunikationsanwendungen und Bild- oder Videobearbeitungssoftware besitzen (Vandebosch & Van Cleemput, 2008). Andere Experten hingegen verstehen das körperliche Kräfteungleichgewicht eher als ein Machtungleichgewicht, da sich das Opfer weder ohne Weiteres gegen eine Cybermobbingattacke wehren noch die Weiterverbreitung des Materials kontrollieren kann. Dieses Machtungleichgewicht kann durch die Anonymität des Internets problemlos vom Täter erzeugt werden, da das Opfer die Herkunft der Schikane nicht einwandfrei identifizieren kann, wenn der Täter oder die Täterin anonym bleiben will. Zudem ist es dem Opfer nur begrenzt möglich, auf das Mobbing effektiv zu reagieren. Es lässt sich aber festhalten, dass eine körperliche oder soziale Überlegenheit beim Cybermobbing keine entscheidende Rolle spielt, wie es beim traditionellen Mobbing der Fall ist. So ist es auch physisch unterlegenen Personen möglich, eine andere Person online zu schikanieren.

Neben dem Aspekt des Kräfteungleichgewichts ist auch der Wiederholungsaspekt zur Bewertung einer Handlung als Cybermobbing kritisch anzusehen. Wie bereits erwähnt wird laut klassischer Definition eine aggressive und vorsätzliche Handlung erst dann als Mobbing angesehen, wenn diese wiederholt über einen längeren Zeitraum stattfindet – das Opfer demnach zum Beispiel über Monate hinweg in regelmäßigen Abständen physisch, verbal und/oder relational schikaniert wird. Beim Cybermobbing ist die Ausgangslage jedoch eine andere. Wird etwa ein für eine Person peinliches Foto oder Video aufgenommen und ins Internet gestellt, lässt sich dieses von einem in der Größe nicht einzuschätzenden Publikum unendlich oft im Internet ansehen. Auch wenn das Original gelöscht wird, lässt sich nur schwer bis gar nicht nachvollziehen, wie häufig es sich bereits angesehen, weiterverbreitet, neu hochgeladen oder auf andere Rechner kopiert wurde. Zusätzlich können Kommentare oder Likes den Leidensdruck auf Seiten des Opfers noch weiter steigern. In einer Untersuchung von Slonje, Smith und Frisén (2013) gaben neun Prozent der befragten Schülerinnen und Schüler an, bereits existierendes Cybermobbing-Material an andere Freunde weitergeleitet zu haben. Sechs Prozent führten Mobbing sogar direkt fort, indem sie das Material erneut an das Opfer schickten. Die Demütigung des Opfers zieht sich somit über einen längeren Zeitraum, gerade weil es sich aus dieser Situation nicht ohne Weiteres entziehen kann. Eine einmalige Handlung (das Aufnehmen und Hochladen des Bildes/Videos) kann somit weitreichendere psychische Konsequenzen für das Opfer haben als eine einzelne Auseinandersetzung auf dem Schulhof, die zeitlich begrenzt ist.

Eine weitere Determinante, die beim Cybermobbing eine entscheidende Rolle spielt, ist die – zumindest scheinbare – Anonymität, die online angenommen werden kann. So ist es unter anderem möglich, mittels eines unechten Profils (Fake-Profil) in einem Chat oder Sozialen Netzwerk eine neue oder fremde Identität anzunehmen und dem Opfer auf diesem Weg diffamierende Nachrichten oder peinliche Bilder und Videos zu senden. Insbesondere Personen, die in der realen Welt eher schüchtern sind und deren Selbstbewusstsein nicht besonders stark ausgeprägt ist, erleichtert es diese Anonymität, sich im Internet anders zu verhalten als offline. Diese Beobachtung ist auch unter dem Begriff Online-Enthemmungseffekt bekannt (Suler, 2004), der zusätz-lich durch die Distanz zwischen den Kommunikationspartnern sowie deren zeitlicher Unabhängigkeit begünstigt wird. Bezogen auf eine Cybermobbing-Handlung kann die physische Distanz zwischen Täter und Opfer sowie deren nicht simultan verlaufende Kommunikation es unterlegenen Personen erleichtern, sich aggressiv gegenüber anderen im Internet zu verhalten. Hinzu kommt, dass durch die Distanz zwischen den Be-teiligten die emotionalen Reaktionen des Opfers für den Täter häufig nicht direkt zu beobachten sind und somit wichtige soziale Hinweise verloren gehen. So fehlen dem

Täter Informationen über die Auswirkungen seiner Handlung. Er kann in den meisten Fällen nicht einschätzen, wie sein Opfer zum Beispiel auf die Veröffentlichung eines peinlichen Fotos reagiert. Eventuell empfindet das Opfer das eigene Foto ebenfalls lustig und empfindet keine Bloßstellung, sodass das Mobbing seine Wirkung verfehlen kann. Doch letztendlich kann das fehlende Feedback dazu führen, dass das Cybermobbing fortgesetzt wird (Ybarra, 2004).

Nach einer Studie des SINUS-Instituts Heidelberg (Borgstedt et al., 2014) sehen über ein Drittel der jungen Internetnutzerinnen und -nutzer die Gefahr online beleidigt oder belästigt zu werden als großes Internetrisiko an, auch wenn sie persönlich noch keine Erfahrungen damit gemacht haben. Online „fertig gemacht" zu werden, die Veröffentlichung peinlicher oder intimer Fotos oder Chats und die Erstellung von Fake-Profilen werden ebenfalls als Gefahr angesehen. Dabei wird das Risiko unter Teenagern als relevanter eingeschätzt als unter den jüngeren Erwachsenen und Kindern. Mädchen schätzen die Gefahr online schikaniert zu werden insgesamt höher ein als Jungen. Auf die Frage, ob Mobbing online oder offline als schlimmer empfunden wird, sprach sich über die Hälfte der Studienteilnehmerinnen und -teilnehmer des SINUS-Instituts für Cybermobbing aus. Im Vergleich zu Textnachrichten werden Fotos und Videos von Seiten des Opfers als schädlicher bewertet, da sie in den meisten Fällen reale Situationen darstellen und weniger einfach zu verfälschen sind (Slonje & Smith, 2008). Des Weiteren werden peinliche Fotos und Videos eher im Internet verbreitet und erreichen somit mehr Nutzerinnen und Nutzer als zum Beispiel Textnachrichten, die Gerüchte über eine andere Person enthalten.

Die aus der Literatur zum traditionellen Mobbing bekannten drei Arten des Mobbings (Jackson et al., 2009; Ortega et al., 2009) lassen sich in ähnlicher Form auch beobachten, wenn eine Person online schikaniert wird. So kann auch beim Cybermobbing die Unterteilung in physisches, verbales und relationales Mobbing vorgenommen werden. Übertragen auf den virtuellen Raum entspricht physisches Mobbing der Androhung körperlicher Gewalt, verbales Mobbing Beleidigungen (zum Beispiel in Textform) und relationales Mobbing dem Ausschluss aus einer Gruppe (zum Beispiel in einem Gruppenchat). Insgesamt lässt sich Cybermobbing jedoch als indirekte Form ansehen, da der direkte Kontakt zwischen Täter und Opfer nicht notwendig ist. Zentrale und weitere Aspekte, die beim Cybermobbing eine Rolle spielen und die dazu notwendig sind, eine Handlung auch als Cybermobbing bezeichnen zu können, sind in der folgenden Infobox nochmals zusammengefasst.

Zentrale Aspekte zur Definition einer Handlung als Cybermobbing
- **absichtliche, aggressive, schädigende** Handlung
- unter Einsatz **elektronischer** Kommunikationsmittel
- **direkt** oder **indirekt** gegen (ein oder mehrere) Opfer gerichtet

Weitere Faktoren, die online jedoch keine zwingende Rolle spielen
- **Macht-/Kräfteungleichgewicht** zwischen Täter und Opfer
- **Wiederholung** der Tat über einen längeren Zeitraum

4.3 PRÄVALENZEN

Im Folgenden sollen Erkenntnisse hinsichtlich der Verbreitung von Cybermobbing innerhalb verschiedener Altersgruppen dargestellt werden. Bisherigen Forschungsarbeiten zufolge findet Cybermobbing vermehrt unter Schülern im Teenager-Alter statt. Dabei wird angenommen, dass das Auftreten umgekehrt U-förmig verteilt ist, was bedeutet, dass Cybermobbing im Kindes- und jungen Erwachsenenalter seltener auftritt als bei Jugendlichen, die mit 13–15 Jahren am häufigsten betroffen sind (Tokunaga, 2010). Hinsichtlich geschlechtsspezifischer Differenzen bei der Beteiligung an Cybermobbing kommen verschiedene Studien zu divergierenden Ergebnissen, so dass sich eine klare Tendenz, ob Mädchen oder Jungen häufiger an Cybermobbing beteiligt sind, bisher nicht eindeutig feststellen lässt. So zeigen diverse Untersuchungen, dass Jungen und junge Männer sowohl häufiger Täter als auch Opfer von Cybermobbing sind als Mädchen und junge Frauen (Dilmac, 2009; Faucher, Jackson & Cassidy, 2014; Francisco, Veiga Simão, Ferreira & Martins, 2015; Li, 2006). Nach Smith und Kollegen (2008) sowie Cassidy, Brown und Jackson (2012) suchen hingegen eher Frauen den Weg über das Internet, um andere Menschen zu schikanieren und verfolgen dabei insbesondere relationale Aggressionsstrategien, indem sie Gerüchte und Unwahrheiten über andere verbreiten. Andere Studien wiederum finden keine Geschlechtsunterschiede hinsichtlich der Beteiligung an Cybermobbing (Tokunaga, 2010; Wolak, Mitchell & Finkelhor, 2007).

Es gibt verschiedene Annahmen darüber, wie viele Menschen bereits Cybermobbing zum Opfer gefallen sind. Internationale Studien berichten dabei von Prävalenzraten zwischen 10 und 40 Prozent (Kowalski, Giumetti, Schroeder & Lattanner, 2014). Diese hohe Spannweite ist hauptsächlich auf stark variierende Fragestellungen und Methoden der zugrundeliegenden empirischen Arbeiten zurückzuführen. So werden in bisherigen Forschungsarbeiten häufig unterschiedliche Definitionen des Phänomens Cybermobbing verwendet, was sich wiederum auf das Antwortverhalten der Studienteilnehmerinnen und -teilnehmer auswirken kann, da im Rahmen der jeweiligen Studie unterschiedliche Kenntnisse über das Phänomen vorausgesetzt oder vermittelt werden. So stellt es zum Beispiel einen Unterschied dar, ob Probanden danach befragt werden, ob sie bereits einmal im Internet beleidigt wurden oder ob ihnen dies schon einmal über einen längeren Zeitraum widerfahren ist. Neben unterschiedlichen Definitionen werden in verschiedenen Befragungen auch unterschiedliche Begrifflichkeiten für dasselbe Phänomen verwendet. So werden neben „Cybermobbing" auch häufig Begriffe wie „Online-Belästigung", „Cyber-Viktimisierung" oder „Online-Aggression" verwendet. Zusätzlich hat sich in der empirischen Forschung bislang noch kein einheitlich verwendeter Fragebogen zur Erfassung von Cybermobbing-Erfahrungen etabliert. In den meisten Fällen werden für die Studien neue Fragebögen entwickelt, bei denen auch verschiedene Zeiträume einer Cybermobbing-Handlung abgefragt werden (zum Beispiel „in den letzten 6 Wochen", „in den letzten 2 Monaten" oder „im letzten Jahr"). Des Weiteren unterscheiden sich bisherige Studien in der untersuchten Altersgruppe, dem Zeitpunkt der Untersuchung sowie dem Land, in dem die Studie durchführt wurde.

Dies sind nur einige Gründe dafür, dass eine Generalisierung und ein Vergleich bisheriger Ergebnisse zur Verbreitung von Cybermobbing problematisch sind und keine eindeutige Aussage darüber getroffen werden kann, wie stark verbreitet das Phänomen heutzutage tatsächlich ist. Trotzdem wird deutlich, dass Cybermobbing ein aktuelles und nicht zu unterschätzendes Problem unter Jugendlichen und jungen Erwachsenen darstellt, weil selbst die geringste Prävalenzschätzung zeigt, dass jede zehnte jugendliche Person bereits Erfahrungen mit Cybermobbing gemacht hat.

Einige wenige Studien haben zudem untersucht, wie sich die Zahl an Opfern von Cybermobbing über die letzten Jahre hinweg entwickelt hat. Als Längsschnittstudie untersucht die JIM-Studie auch den Anteil an Jugendlichen in Deutschland, der in der Vergangenheit Erfahrung mit Cybermobbing gemacht hat. Hier lassen sich im Jahresvergleich wachsende Prävalenzraten feststellen. Laut der aktuellen JIM-Studie 2014 wurden insgesamt 17 Prozent der 12- bis 19-Jährigen Befragten bereits im Internet belästigt, zum Beispiel durch die Veröffentlichung eines peinlichen Fotos (Feierabend et al., 2014). Mädchen und Jungen sind dabei gleich häufig betroffen. Mit 22 Prozent ist der höchste Prozentsatz unter den 16- bis 17-Jährigen Internetnutzerinnen und -nutzer zu beobachten. Diese Ergebnisse werden von einer aktuellen Bitkom-Studie weitestgehend gestützt. Mit insgesamt 14 Prozent der befragten 10- bis 18-Jährigen Teilnehmerinnen und Teilnehmer sind die Prävalenzraten vergleichbar mit denen der JIM-Studie. Die am häufigsten beteiligten Altersklassen sind hier jedoch die 13- bis 15-Jährigen (16 Prozent) und 16- bis 18-Jährigen (15 Prozent). Mädchen sind laut Bitkom etwas häufiger Opfer von Cybermobbing als Jungen (15 Prozent zu 13 Prozent). Zehn Prozent aller Befragten haben bereits selbst Lügen im Internet verbreitet, vier Prozent wurden durch peinliche Fotos online schikaniert (Bitkom, 2014a).

Verschiedene Studien zeigen, dass immer häufiger auch junge Erwachsene an Cybermobbing beteiligt sind, wobei dies besonders häufig auf SNS und per Textnachrichten stattfindet (Washington, 2014). Gemäß einer Studie von MacDonald und Roberts-Pittman (2010) kennen 33 Prozent der befragten College-Studenten mindestens eine andere Person in ihrem Bekanntenkreis, die bereits ein- oder zweimal online belästigt wurde (knapp fünf Prozent häufiger als zweimal). Zusätzlich gaben 19 Prozent an, selbst ein- oder zweimal online schikaniert worden zu sein (drei Prozent häufiger als zweimal), wohingegen lediglich neun Prozent darüber berichteten, selbst eine andere Person ein- oder zweimal im Internet gemobbt zu haben (0.2 Prozent häufiger als zweimal). Nach Washington (2014) konnten bei zwölf Prozent der Studienteilnehmerinnen und -teilnehmer Opfererfahrungen ermittelt werden und bei sechs Prozent Erfahrungen als Täter. Im Vergleich dazu konnten in den USA Prävalenzraten von knapp vier Prozent von Cybermobbing-Opfern verzeichnet werden (Bauman & Newman, 2013). Nach einer Befragung der britischen National Union of Students (NUS, 2008) haben bereits sieben Prozent der befragten Studierenden einmal Erfahrungen mit Cybermobbing gemacht. Dabei wurden nach Selbstauskunft 79 Prozent der viktimisierten Studierenden von Mitstudierenden schikaniert und 21 Prozent vom Personal der Universität.

Weitere Arbeiten konnten herausstellen, dass Opfer von Cybermobbing oftmals zur gleichen Zeit von Formen des traditionellen Mobbings betroffen sind. So berichten über die Hälfte aller Opfer von Erfahrungen mit beiden Formen, und nur knapp fünf Prozent geben an, ausschließlich online schikaniert zu werden (Waasdorp & Bradshaw, 2015). Darüber hinaus konnten longitudinale Zusammenhänge zwischen traditionellem Mobbing und Cybermobbing gezeigt werden. Personen, die bereits im Schulalter andere Personen gemobbt haben, setzen dieses Verhalten häufig während des Studiums fort. Die Zahl von Personen mit Opfererfahrungen in der Schule sowie an der Universität beläuft sich bei vergleichbaren 47 Prozent (Pörhölä, 2011 zitiert nach Cowie et al., 2013). Nach Lappalainen und Kollegen (2011) lässt sich diese Kontinuität insbesondere bei Männern beobachten. Auch auf Seiten der Opfer konnte ein starker Zusammenhang zwischen einer Viktimisierung im Schul- und im Studierendenalter festgestellt werden.

4.4 ROLLEN, MOTIVE, URSACHEN UND FOLGEN

Im Folgenden wird auf die Protagonisten einer typischen Cybermobbing-Handlung eingegangen. Dabei wird das Hauptaugenmerk auf die grundlegenden Charakteristika, persönlichen Hintergründe und Motive aktiver und passiver Täter sowie auf die Merkmale und das emotionale Erleben der Opfer gelegt. Aufgrund der Parallelen zwischen den beiden Phänomenen kann davon ausgegangen werden, dass die Beteiligten beim Cybermobbing ähnliche Hintergründe und Persönlichkeitseigenschaften aufweisen, wie auch beim traditionellen Mobbing (Riebel, Jäger & Fischer, 2009). Diese Eigenschaften können das jeweilige Verhalten und Erleben von Opfer und Täter sowie den weiteren Verlauf der Handlungen beeinflussen.

Nachfolgend werden Ergebnisse empirischer Arbeiten zusammengefasst, die involvierte und nicht-involvierte Personen hinsichtlich typischer Charaktereigenschaften und sozialer Hintergründe vergleichen sowie Aufschluss über Persönlichkeitsunterschiede zwischen Tätern und Opfern geben. Dennoch dürfen die nachfolgenden Ergebnisse nicht so verstanden werden, dass alle Personen, die ihre Mitmenschen online belästigen, genau diese Charaktereigenschaften aufweisen, oder jede berichtete Persönlichkeitsstruktur dazu führt, früher oder später Opfer von Cybermobbing zu werden. Diese Erkenntnisse verdeutlichen einerseits Tendenzen im Verhalten von Tätern und Opfern und können andererseits insbesondere genutzt werden, um Probleme mit Cybermobbing frühzeitig zu erkennen und mögliche Interventions- und Präventionsmaßnahmen zu erarbeiten.

4.4.1 DER AKTIVE TÄTER

Der aktive Täter beginnt mit dem eigentlichen Schikanieren im Internet oder über das Handy. Er bringt dabei zum Beispiel Gerüchte in Umlauf, greift sein Opfer öffentlich oder in privaten Nachrichten an oder postet Fotos oder Videos des Opfers in peinlichen Situationen oder „normale" Fotos, die er mit beleidigenden Aussagen, Gerüchten oder Ähnlichem kommentiert. Cybermobbing-Täter (Cyberbullies) verfolgen mit ihrem Handeln verschiedene Motive und Ziele. Für sie stellt Cybermobbing eine schnelle und einfache Möglichkeit dar, um eigene Bedürfnisse zu befriedigen sowie unmoralisches und aggressives Verhalten zu zeigen, ohne dabei leicht erwischt zu werden (P. K. Smith et al., 2008). Häufig versuchen sie sich durch ihr Handeln selbst darzustellen, das heißt sie wollen höheres Ansehen in einer Gruppe erlangen, deren Aufmerksamkeit gewinnen sowie technische Fähigkeiten und Überlegenheit demonstrieren. Daneben berichten Cyberbullies häufig, dass sie aus reiner Langweile und Spaß handeln (z. B. Slonje & Smith, 2008; Varjas, Talley, Meyers, Parris & Cutts, 2010). Des Weiteren berichten Täter, dass sie sich, nachdem sie eine andere Person schikaniert haben, humorvoll, bekannt, kraftvoll und gut fühlen (z. B. Mishna, Cook, Gadalla, Daciuk & Solomon, 2010; Patchin & Hinduja, 2006). Die Motivation des Cyber-mobbing-Täters kann nach Varjas und Kollegen (2010) sowohl internal (personen-bezogen) als auch external (situationsbezogen) sein. So handelt eine Person zum Beispiel internal motiviert, wenn sie aus Rache, Eifersucht oder Langeweile mobbt, aber auch um eigene Gefühle positiv zu beeinflussen oder eine andere Persönlichkeitsfacette auszuprobieren. Situative Einflüsse, wie zum Beispiel Charakteristika des Opfers und/ oder der jeweiligen Situation, werden als externe Motivationsfaktoren verstanden. Dazu gehören unter anderem die für den Täter nicht direkt ersichtlichen persönlichen Konsequenzen durch die fehlende Face-to-Face-Konfrontation mit dem Opfer, welche die Entscheidung erleichtern, Cybermobbing zu betreiben.

Es wird berichtet, dass Mobbingtäter unter anderem über eine niedrigere Selbst-kontrolle sowie eine weniger ausgeprägte Empathiefähigkeit verfügen. Auftretende Probleme und interpersonale Konflikte versuchen sie vorranging mit aggressiven Strate-gien zu lösen (Olweus, 1993; Sourander et al., 2010). Obwohl sie die Intention ver-folgen, eine andere Person zu schädigen, unterschätzen sie dabei häufig den starken Einfluss, den sie durch ihr Handeln auf andere Personen und deren Gefühle haben können (Walrave & Heirman, 2011). Neben schlechten Beziehungen zu den Eltern und niedrigeren sozialen Kompetenzen wird ebenfalls berichtet, dass sie zu narzisstischem und impulsivem Verhalten tendieren (Kokkinos, Antoniadou & Markos, 2014). Des Weiteren zeigen sie häufig auch offline riskante Verhaltensweisen und haben eine insgesamt positive Einstellung gegenüber Gewalt (Fawzi, 2009; Olweus, 1993). Sie brechen häufiger Regeln, handeln im Alltag aggressiver und leiden eher an depressiven Symptomen, affektiven Störungen sowie Substanzmissbrauch (Mishna et al., 2010). Beim Umgang mit neuen Medien nehmen sich Cybermobbing-Täter im Vergleich zu ihren Mitmenschen als kompetenter wahr. Sie verbringen viel Zeit online und verfügen aus ihrer Sicht über eine höhere technische Expertise (Didden et al., 2009; Walrave & Heirman, 2011). Erste Studien weisen ebenfalls auf einen positiven Zusammenhang zwischen einer Täterschaft und einem pathologischen/süchtigen Gebrauch des Internets hin (Jung et al., 2014; Strittmatter et al., 2014). Dabei kann auch der sozioökonomi-sche Status eine entscheidende Rolle spielen. So wird angenommen, dass Jugendliche, die aus einem finanziell gut situierten Elternhaus stammen, einen uneingeschränkten Zugang zu neuen Medien haben. Dies kann wiederum die Zeit, die sie online ver-bringen, positiv beeinflussen. Je mehr Zeit im Internet verbracht wird, desto höher ist auch die Wahrscheinlichkeit, dort riskante oder dysfunktionale Verhaltensweisen zu zeigen. Nach den Hamer und Konijn (2015) beeinflusst ein erhöhter Konsum antisozialer sowie riskanter Medieninhalte die Wahrscheinlichkeit, sich an Cybermobbing zu beteiligen.

4.4.2   DER PASSIVE TÄTER

Der passive Täter verbreitet bereits existierende Fotos, Videos oder Gerüchte online oder berichtet davon offline im Bekanntenkreis. Als eine Art Vermittler führen seine Handlungen dazu, dass die Informationen einem noch größeren Publikum zugänglich gemacht werden. In einer Studie von Slonje, Smith und Frisén (2013) konnten neun Prozent der untersuchten Personen als passive Täter identifiziert werden, weil sie angaben, bereits einmal Cybermobbing-Material an Freunde weitergeleitet zu haben. Dies erfolgt häufig unbewusst und ohne klare Intention der „Weiterleitenden". Dennoch gaben auch über die Hälfte der passiven Täter an, das Material absichtlich an das Opfer weiterzuleiten, um das Cybermobbing fortzusetzen.

Neben Personen, die bereits vorhandenes Cybermobbing-Material teilen oder weiterleiten, sind diejenigen, die diese liken oder aber in Kommentaren ihre Zustimmung deutlich machen, ebenfalls passiv in eine Cybermobbing-Handlung eingebunden. Die Anzahl an Aufrufen, positiv verstärkenden Kommentaren oder „Gefällt mir"-Klicks lassen die Größe des erreichten Publikums zwar nur in etwa abschätzen, diese können auf das Opfer jedoch einen noch stärkeren öffentlichen Druck erzeugen als der Inhalt des hochgeladenen Videos selbst. Vereinfacht lässt sich sagen, dass je größer das erreichte Publikum und je positiver die Reaktionen der Zuschauer ausfallen, desto negativere Emotionen werden auch vom Opfer empfunden und desto schwerwiegendere Folgen kann dies für die Betroffenen haben.

Da in empirischen Studien der Fokus meist auf die Persönlichkeitsmerkmale und Motive aktiver Täter gelegt wird, gibt es bislang wenige Erkenntnisse über die passive Täterschaft. Dabei kann jedoch angenommen werden, dass der passive Cyberbully Ähnlichkeiten zum aktiven Cyberbully aufweist. So können auch hier fehlende Selbstkontrolle, aggressive Tendenzen sowie niedriges Empathievermögen die Entscheidung, sich am Cybermobbing zu beteiligen, beeinflussen. Ob passive Täter durch ihr Handeln bewusst das Ziel verfolgen, einer anderen Person zu schaden, ist jedoch noch ungeklärt. Die Hemmschwelle bereits existierendes Cybermobbing-Material positiv zu kommentieren, zu liken oder weiter zu verbreiten, liegt niedriger als aktiv zu handeln und das Mobbing eigenhändig zu initiieren. Hier stellen insbesondere die

Anonymität gegenüber dem und physische Distanz zum Opfer entscheidende Faktoren dar.

4.4.3 DAS OPFER

Das Opfer ist die Person, die vom Täter online schikaniert wird. Ähnlich wie beim traditionellen Mobbing werden Personen, die bestimmte Alleinstellungsmerkmale aufweisen, auch häufiger zu Opfern von Cybermobbing. Dazu zählen unter anderem die ethnische Herkunft, Religion, sexuelle Orientierung, körperliche Eigenschaften, das äußere Erscheinungsbild, emotionale Instabilität, Hyperaktivität, besondere Fähigkeiten oder Behinderungen (z. B. Cassidy et al., 2009). Zudem werden „typische" Mobbing-Opfer als eher introvertiert, neurotisch und weniger gewissenhaft beschrieben (Tani, Greenman, Schneider & Fregoso, 2003). Sie sind innerhalb ihres Bekanntenkreises weniger beliebt und verfügen über einen niedrigeren Selbstwert. Es wird außerdem von einem negativen Zusammenhang zwischen sozialer Intelligenz und einer Viktimisierung berichtet (Hunt, Peters & Rapee, 2012). Des Weiteren zeigen sie – ähnlich wie Täter – häufig offline aggressive Verhaltensweisen, allerdings können sie im Vergleich zu Tätern einfacher Empathie empfinden (Kokkinos et al., 2014). Ihre Durchsetzungsschwäche macht sie aus Sicht des Täters besonders verwundbar, weshalb das Mobbing oftmals fortgesetzt wird und sie nicht selbstständig aus der Opferrolle entkommen können (Tani et al., 2003). Folglich ziehen sie sich häufig aus ihrem sozialen Umfeld zurück, worunter die Beziehungen zu ihren Mitmenschen maßgeblich leiden. Bei Opfern von Cybermobbing hat eine immer stärkere Isolation aus dem Freundeskreis häufig die Ursache, dass sie Misstrauen gegenüber Freunden entwickeln, da sie nicht ausschließen können, dass auch einer von ihnen sie anonym im Internet schikaniert.

Auch wenn gemäß einer Studie von Ortega und Kollegen (2009) 44 Prozent der Opfer von Cybermobbing berichten, dass sie keine nennenswerten Probleme infolge einer Attacke erleben, hat dies in den meisten Fällen jedoch einen starken negativen Einfluss auf das emotionale und psychologische Wohlbefinden der Beteiligten. Die Folgen reichen dabei von geringem Stressempfinden und Frust bis hin zu ernsthaften psychosozialen Problemen (Tokunaga, 2010). Opfer von Cybermobbing berichten häufig von negativen Emotionen wie sozialer Ängstlichkeit, Wut, Frustration, Traurigkeit, Minderwertigkeit und Hilflosigkeit, die häufig zu Konzentrationsschwierigkeiten, schulischen Problemen oder gar zu suizidalen Gedanken führen. Neben akuten negativen Gefühlen, die Cybermobbing-Opfer in Folge einer Attacke erleben, klagt ein großer Teil zudem über längerfristige gesundheitliche Konsequenzen, die mit psychopathologischen und psychosomatischen Symptomen einhergehen (Campbell, Spears, Slee, Butler & Kift, 2012; Vieno et al., 2014). Von psychopathologischen Begleiterscheinungen wie Depressivität, Ängstlichkeit und Einsamkeit berichtet knapp ein Drittel der Cybermobbing-Opfer. Zwölf Prozent leiden an psychosomatischen Erkrankungen wie Kopf-, Bauch- und Rückenschmerzen, von denen besonders männliche Opfer betroffen sind. Auf Grundlage bisheriger Befunde lässt sich auch hier zusammenfassen: Je häufiger eine Person Cybermobbing ausgesetzt ist, desto mehr und schwerwiegendere gesundheitliche Beschwerden können dadurch auftreten. Ähnlich wie es auch Studien mit Stichproben von Jugendlichen berichten, fühlen sich Studierende, die Opfer von Cybermobbing werden, infolge einer Attacke wütend und verletzt. Außerdem fällt es ihnen schwer sich zu konzentrieren, was letztlich auch dazu führen kann, dass sie das College/die Universität verlassen (z. B. Ybarra, Diener-West & Leaf, 2007). Hinzu kommt, dass lediglich eine Minderheit der Opfer ihre Probleme Freunden, Eltern oder Lehrern anvertrauen würde und stattdessen versucht mit der Situation alleine zurecht zu kommen (Li, 2006; Patchin & Hinduja, 2010). Umso häufiger bleiben sie offline, um sich der Situation zu entziehen und weiteren Konflikten aus dem Weg zu gehen.

Eine Übersicht über grundlegende Charakteristika der einzelnen Rollen kann Tabelle 1 entnommen werden.

TABELLE 1:
Grundlegende Charakeristika von Tätern, Opfern und Opfer-Tätern beim Cybermobbing

Täter	Opfer	Opfer-Täter
– niedrige Selbstkontrolle	– Alleinstellungsmerkmale	– dem aktiven Täter ähnlicher als
– wenig ausgeprägte Empathie-	– emotionale Instabilität	dem Opfer
fähigkeit	– eher introvertiert, durch-	– geringer Selbstwert
– Verwendung aggressiver	setzungsschwach	– geringe Problemlösefähigkeit
Strategien	– eher neurotisch, wenig ge-	– niedrigere Sozialkompetenz
– niedrige soziale Kompetenzen	wissenhaft	– häufig einsam
– narzisstisches und impulsives	– niedriger Selbstwert	– eher durchsetzungsschwach
Verhalten	– häufiger aggressive Strategien,	– empfinden Mitgefühl, zeigen
– weniger gewissenhaft	können jedoch Empathie emp-	jedoch wenig Scham
– Riskante und impulsive Ver-	finden	– berichten am häufigsten von
haltensweisen offline		psychischen und psychosomati-
– positive Einstellung gegenüber		schen Symptomen
Gewalt		– schulische Probleme
– häufiger psychopathologische		
Symptome		
– verbringen viel Zeit online		

4.4.4   WEITERE ROLLEN

An einer Cybermobbing-Handlung sind im Regelfall über Täter und Opfer hinaus noch weitere Personen beteiligt. Der vom traditionellen Mobbing bekannte Bystander (Mitläufer, Unterstützer) wird als die Person beschrieben, die zwar nicht direkt physische, verbale oder relationale Gewalt auf das Opfer ausübt, jedoch dem Täter Mut zusprechen kann und durch ihre reine Anwesenheit das Opfer weiter unter Druck setzt. Beim Cybermobbing wird der Bystander als reiner Zuschauer verstanden, nimmt dabei aber eine viel entscheidendere Rolle ein, als dies beim traditionellen Mobbing der Fall ist. Denn wohingegen die Anzahl an Zuschauern bei einer Attacke auf dem Schulhof meistens an einer Hand abzuzählen ist, lässt sich keine genaue Aussage darüber treffen, wie viele Personen online ein diffamierendes Foto oder Video angesehen haben. Und wie bereits ausführlich beschrieben, macht es für das emotionale Erleben des Opfers einen Unterschied, ob eine Kleingruppe die Auseinandersetzung auf dem Schulhof beobachtet, die zeitlich begrenzt ist und irgendwann ein Ende findet, oder ein diffamierendes Video von unendlich vielen Personen weltweit zu jeder Tages- und Nachtzeit angesehen werden kann. Hinsichtlich spezifischer Charaktereigenschaften von Bystandern gibt es bislang keine bedeutsamen empirischen Ergebnisse. Es kann jedoch angenommen werden, dass Personen, die Mobbing/Cybermobbing befürworten, den Täter unterstützen und sich auf seine Seite stellen, ähnliche Persönlichkeitseigenschaften wie der Täter selbst besitzen.

Neben den klaren Rollenabgrenzungen können Personen natürlich auch Erfahrungen in mehr als einer der oben beschriebenen Rollen besitzen. So waren die sogenannten Opfer-Täter bereits mindestens einmal selbst von Cybermobbing betroffen, haben bereits auch mindestens einmal eine andere Person online belästigt. Dies kann zum Beispiel dann der Fall sein, wenn ein Opfer traditionellen Mobbings ebenfalls online versucht andere Personen zu schikanieren, um die eigenen negativen Emotionen zu regulieren. Typische Opfer-Täter werden den reinen Tätern als ähnlicher beschrieben als den reinen Opfern. Sie weisen einen geringen Selbstwert, geringe Problemlösefähigkeit sowie eine niedrige Sozialkompetenz auf, welche häufig auf negatives Erziehungsverhalten der Eltern zurückzuführen ist. Opfer-Täter werden hauptsächlich als einsam, eher durchsetzungsschwach, impulsiv, aggressiv und emotional instabil beschrieben (z.B. Bayraktar, Machackova, Dedkova & Cerna, 2014; Pontzer, 2009). Nach Pontzer (2009) können Opfer-Täter zwar Empathie zeigen und mitfühlend agieren, jedoch zeigen sie keine Scham, nachdem sie selbst eine andere Person gemobbt haben. Im Vergleich zu Personen, die ausschließlich Erfahrungen als Täter oder Opfer haben, berichten Opfer-Täter am häufigsten und stärksten über psychische und psychosomatische Symptome sowie über schulische Probleme (Haynie, Eitel, Saylor, Yu & Simons-Morton, 2001; Völlink, Bolman, Dehue & Jacobs, 2013). Auch gibt es – einige wenige – Personen, die versuchen, das Opfer zu beschützen oder in eine Mobbing-Handlung einzugreifen, wenn sie davon mitbekommen. Sie bringen zum Beispiel in Kommentaren ihr Missfallen zum Ausdruck, sprechen dem Opfer in privaten Nachrichten Mut zu oder melden die jeweiligen Inhalte beim Anbieter des sozialen Netzwerks.

Abschließend lässt sich festhalten, dass Cybermobbing ein nicht zu unterschätzendes Problem unter Jugendlichen und jungen Erwachsenen darstellt, das einige Parallelen zum traditionellen Mobbing aufweist. Einige Aspekte wie zum Beispiel der Wiederholungsaspekt und das Kräfte-/Machtungleichgewicht verändern sich aufgrund des virtuellen Handlungsraums jedoch in ihrer Relevanz. Als Prädiktoren einer Cybermobbing-Täterschaft sowie -Viktimisierung konnten in bisherigen Arbeiten insbesondere Persönlichkeitseigenschaften wie Empathiefähigkeit, Selbstkontrolle, gewissenhaftes Handeln und emotionale Stabilität sowie psychopathologische Symptome wie Tendenzen zu depressivem Verhalten und Unsicherheiten im Sozialkontakt aufgezeigt werden. Vergangene Befragungen und nicht zuletzt die genannten Fallbeispiele verdeutlichen auch, welche emotionalen und gesundheitlichen Folgen Cybermobbing für die Opfer haben kann. Insgesamt sind die empirischen Befunde in diesem Bereich jedoch auch aufgrund methodischer und theoretischer Unterschiede als eher inkonsistent anzusehen, weshalb weitere Forschung – insbesondere zu verstärkenden und präventiven Faktoren, aus denen dann mögliche Präventionsmaßnahmen hergeleitet werden können – notwendig ist.

5 PRÄVENTION EINER DYSFUNKTIONALEN INTERNETNUTZUNG

In den vorherigen Kapiteln wurde deutlich, dass neben den zahlreichen Chancen und Möglichkeiten, die das Internet und neue Kommunikationstechnologien bieten, immer häufiger auch risikobehaftete und für ein Individuum ungünstige Internetnutzungsverhaltensweisen beobachtet werden (Livingstone, Bober & Helsper, 2005). Eine so bezeichnete dysfunktionale Internetnutzung kann sowohl bei der Nutzerin und beim Nutzer als auch bei ihren und seinen Mitmenschen zu starken negativen Konsequenzen führen (z. B. Chou et al., 2005; P. K. Smith et al., 2008; Young, 1998b). In diesem Zusammenhang wurde zuletzt immer häufiger über Maßnahmen zur Vorbeugung einer dysfunktionalen Internetnutzung (im Folgenden am Beispiel einer Internetsucht und Cybermobbing) diskutiert. Dazu zählt neben verschiedenen Möglichkeiten zur Intervention auch die gezielte Förderung von Medien- oder Internetnutzungskompetenz. Aufgrund der immer intensiveren Nutzung des Internets erscheint es in vielerlei Hinsicht wichtig, Kindern und Jugendlichen bereits früh den souveränen Umgang mit digitalen Medien zu vermitteln.

Die Vermittlung von Medienkompetenz ist im heutigen Schulunterricht immer häufiger ein Thema. In der 2012er JIM-Studie berichteten 62 Prozent aller Befragten im Alter von 12 bis 19 Jahren, dass sie bereits einmal im Unterricht über einen technischen und sicheren Umgang mit verschiedenen Medien gesprochen haben (Feierabend, Karg & Rathgeb, 2012). Dabei führte für 57 Prozent der Jugendlichen die Thematisierung zu einem besseren Verständnis der Themen Internet, Handy, Communities und Datenschutz, 42 Prozent gaben an, durch den Unterricht Neues dazu gelernt zu haben und 28 Prozent aller Befragten nahmen dies sogar zum Anlass, ihr Medienverhalten zu verändern. Zusätzlich zeigte sich, dass die befragten Jungen sich im Schnitt in fast allen Bereichen mehr praktische Erfahrung im Umgang mit dem Computer zuschrieben als die befragten Mädchen das taten. Die eigene Einschätzung der technischen Kompetenz steigt dabei mit zunehmendem Alter, was zum einen auf die höhere Bildung, zum anderen aber auch auf die gestiegene Lebenserfahrung zurückzuführen ist (Feierabend et al., 2012).

Nachfolgend werden verschiedene Modelle und Konzepte von Medien- sowie Internetkompetenz vorgestellt. Auf Grundlage inhaltlicher Parallelen der vorgestellten Konzeptionen sowie unter Berücksichtigung des heutigen Internetnutzungsverhaltens von Jugendlichen und jungen Erwachsenen wird anschließend ein Modell zur Internetnutzungskompetenz vorgestellt, bei dem davon ausgegangen wird, dass deren Dimensionen dysfunktionalem Internetnutzungsverhalten vorbeugen können. Die angenommenen Zusammenhänge werden in der später vorgestellten empirischen Studie überprüft.

5.1 KONZEPTE DER MEDIENKOMPETENZ

Das in vielen Fachbereichen verwendete Konzept der Medienkompetenz bezieht sich auf die Fähigkeit mit Problemen umzugehen, die insbesondere im Zusammenhang mit der Nutzung und Wirkung von Massenmedien auftreten, und diese durch Anwendung zuvor erlernten Wissens zu lösen. Wachsende Informationsmengen im Internet erzwingen es nahezu, wichtige und relevante Informationen hinsichtlich der eigenen Bedürfnisse und Ziele zu filtern (zum Beispiel das Suchen glaubwürdiger Quellen bei einer Recherche). Somit stellt ein kompetenter Umgang mit Medien heutzutage für jedermann eine bedeutsame Schlüsselfunktion dar. Dabei ist es auch notwendig, Verknüpfungen zwischen erlangtem Wissen zu schaffen sowie in der Vergangenheit erlernte Fähigkeiten zu koordinieren und auf andere Kontexte übertragen zu können. Zudem wird es immer wichtiger, neben dem Besitz reiner technischer Fertigkeiten auch selbst Medien kreativ gestalten zu können (vgl. Glotz, 2001).

Besondere Bedeutung in Fachkreisen hat das Konzept von Medienkompetenz von Dieter Baacke (1999) erlangt. Er versteht Medienkompetenz als ein aus mehreren Facetten zusammengesetztes Fähigkeitsbündel, welches im Rahmen eines lebenslangen Lernens immer weiter ausgebildet werden muss. Dabei ist es nicht bloß entscheidend, mit einer Technik umgehen zu können oder ein neues Medium zu beherrschen. Viel wichtiger ist es seiner Auffassung nach, sowohl technisches als auch praktisches Wissen mit einer kritischen und reflektierten Herangehensweise zu verbinden. Baacke (1999) schlägt folglich ein mehrdimensionales Konzept der Medienkompetenz mit den Hauptdimensionen *Medienkritik, Medienkunde, Mediennutzung* und *Mediengestaltung* vor:

1) *Medienkritik* beschreibt die Fähigkeit, auf Grundlage bereits vorhandenen Wissens und vorhandener Erfahrungen mit Medien und Medieninhalten kritisch und reflektierend umzugehen. Diese Fähigkeit kommt insbesondere dann zum Einsatz, wenn die Vertrauenswürdigkeit eines Mediums (zum Beispiel bei der Informationssuche), aber auch das eigene Medienhandeln (zum Beispiel das Verfassen eines Artikels) kritisch bewertet werden muss. Neben der Analyse von Medienentwicklungen und der Reflexion des eigenen Handelns spielt auch die ethische und soziale Bewertung von Medieninhalten und -verhalten eine Rolle.

2) Die Dimension der *Medienkunde* umfasst das eigene Wissen über heutige Medien. Dabei wird nochmals zwischen informativem Wissen, was das theoretische Wissen über ein Medium umfasst, sowie instrumentell-qualifikatorischem Wissen, was dazu befähigt, auch unbekannte und zuvor noch nicht verwendete Geräte bedienen zu können, unterschieden.

3) Als dritte Dimension definiert Baacke die *Mediennutzung* und unterteilt diese in zwei Unterdimensionen, nämlich in die rezeptiv-anwendende Unterdimension (zum Beispiel die Verarbeitung des gerade Gesehenen) und den Bereich des auffordernden Anbietens und interaktiven Handelns (zum Beispiel die eigene Produktion von Medieninhalten).

4) Die vierte Dimension stellt die *Mediengestaltung* dar. Heutige Medien entwickeln sich nicht nur technisch sondern auch inhaltlich rasant weiter, was hauptsächlich darauf zurückzuführen ist, dass jede Nutzerin und jeder Nutzer aktuelle Mediensysteme weiterentwickeln kann. Eine hohe Kompetenz in der Mediengestaltung umfasst demnach vor allem, eigene Inhalte innovativ und kreativ einzubringen.

Während die Dimensionen der *Medienkritik* und der *Medienkunde* sich eher mit der Vermittlung und dem Erwerb von Medienkompetenz befassen, fokussieren die Dimensionen der *Mediennutzung* sowie der *Mediengestaltung* eher die Ziele und das Handeln der Nutzerinnen und Nutzer von Medien. Ein Überblick über die von Baacke definierten Haupt- und Unterdimensionen von Medienkompetenz ist Abbildung 9 zu entnehmen.

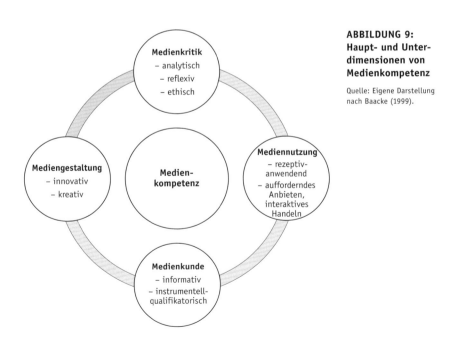

**ABBILDUNG 9:
Haupt- und Unterdimensionen von
Medienkompetenz**

Quelle: Eigene Darstellung nach Baacke (1999).

Ein weiteres Konzept von Medienkompetenz wurde von Sonia Livingstone (2004a) eingeführt. Sie definiert Medienkompetenz (Media Literacy) als „the ability to access, analyse, evaluate and create messages across a variety of contexts" (S. 3) und bezieht sich dabei vor allem auf die effektive und sichere Nutzung neuer Informations- und Kommunikationstechnologien. Ihr aufgestelltes Vier-Komponenten-Modell (*Access, Analysis, Evaluation* und *Content Creation*) lässt sich dabei auf verschiedene Medien wie klassische Printmedien, Rundfunk oder auch bestimmte Internetangebote anwenden.

1) Die Komponente *Access* (Zugang) beschreibt den Zugang zum Medium und die Möglichkeit, es selbstbestimmt zu nutzen. Livingstone kritisiert dabei die heutige heterogene Verteilung von Zugängen zu Medien in der Bevölkerung, da diese zu fortwährender Ungleichheit in Wissen, Kommunikation und Partizipation führe.

2) Die Komponente *Analysis* (Analyse) beinhaltet die Fähigkeit, ein Verständnis für unter anderem. Kategorien, Technologien und Publikum bestimmter Medien zu entwickeln. Bezüglich der Nutzung des Internets seien, derartige Kompetenzen noch relativ unentwickelt, aber dennoch wichtig, um dessen Möglichkeiten und Potenziale voll auszuschöpfen.

3) Die Komponente *Evaluation* umfasst die kritische Auseinandersetzung mit Medieninhalten (zum Beispiel die Bewertung von Qualität und Objektivität) und dem eigenen Medienwissen (zum Beispiel ausreichende Kenntnisse für die Nutzung eines Mediums).

4) Die Komponente *Content Creation* (Produktion von Inhalten) besagt, dass eigene Medienproduktionen ein besseres Verständnis für professionell produziertes Material fördern. Laut Livingstone ist das Internet dafür das Medium par excellence und eine Nicht-Berücksichtigung dieser Komponente in der Definition von Medienkompetenz werde dem Potenzial des Internets nicht gerecht.

Neben den Medienkompetenz-Modellen von Baacke (1999) und Livingstone (2004a), haben sich in der Vergangenheit noch weitere Konzeptionen und Definitionen verschiedener Autoren etabliert. Weitere Konzeptionen stammen unter anderem von Helga Theunert (vgl. Theunert & Schorb, 2010), Stefan Aufenanger (1997) und Norbert Groeben (2002, 2004). All diese Konzepte beschreiben Medienkompetenz als ein aus mehreren Dimensionen bestehendes Konstrukt und es wird deutlich, dass bloße technische Fertigkeiten für eine erfolgreiche Orientierung in der Medienwelt und einen angemessenen Umgang mit der Vielzahl heutiger medialer Angebote nicht mehr ausreichen. Umso mehr rücken ein kritischer Umgang sowie ein kreativer Zugang in den Mittelpunkt.

5.2 KONZEPTE DER INTERNETKOMPETENZ

Im Folgenden soll sich mit einer spezifischeren Form von Medienkompetenz, der Internetkompetenz, beschäftigt werden. Forschung zum Bereich der Internetkompetenz wird von der europäischen Kommission als eine dringliche Entwicklungs- und Bildungsaufgabe angesehen (Commission of the European Communities, 2007), zumal das Internet heutzutage vorrangig für Zwecke der Kommunikation verwendet wird und Nutzerinnen und Nutzer vermehrt eigene Inhalte sowohl aktiv und als auch reaktiv produzieren. Die Rolle des Anbieters und Nutzers von Medienangeboten scheint dabei immer weiter zu verschwimmen (Schmidt et al., 2009).

Ähnlich wie beim Begriff der Medienkompetenz herrscht auch bei der Internetkompetenz Uneinigkeit über eine einheitliche Definition und Begrifflichkeit. Vor allem im englischsprachigen Raum bringen die Autoren verschiedene Termini ein, wie zum Beispiel „Internet Literacy" (Livingstone et al., 2005), „Computer Literacy" (Richter, Naumann & Groeben, 2001), „Digital Literacy" (Buckingham, 2008), „Information Literacy" (Hobbs, 2006) oder „Social Media Literacy" (Vanwynsberghe, Boudry & Verdegem, 2011).

Unter Internetkompetenz versteht man „die Fähigkeit, Aufbau und Funktion des Internets zu erkennen und das World Wide Web verantwortungsvoll nutzen zu können" (Wolff, 2011, S.13). Diese Definition verdeutlicht, dass die alleinige praktische Fertigkeit, einen Dienst zu nutzen, noch keinen kompetenten Umgang mit dem Internet und dessen Angeboten ausmacht. Vielmehr erscheint es wichtig, das eigene Verhalten kritisch-reflexiv beurteilen zu können, das Internet und dessen Anwendungen in adäquater Weise zu konsumieren und auch eigene Inhalte angemessen darzustellen. Dabei erscheint auch der Wissenstransfer vom realen Leben in die virtuelle Welt von Bedeutung, insbesondere um Verknüpfungen zwischen dem Gebrauch klassischer Medien und Internetangeboten zu schaffen (Wolff, 2011).

Beim Thema Internetkompetenz stehen in den meisten Fällen Jugendliche und junge Erwachsene im Fokus (z.B. Schmidt et al., 2009). Im Teenager-Alter durchleben Jugendliche Individualisierungsprozesse und versuchen, ein stabiles Selbstbild zu entwickeln. Insbesondere auf SNS versuchen Heranwachsende, ihre eigene Identität zu konzipieren und nach außen darzustellen. Aber nicht jeder schafft es dabei, alle Potenziale des Internets auszuschöpfen, diese zum eigenen Vorteil zu nutzen, sein Verhalten kritisch zu reflektieren oder sorgsam mit persönlichen Daten umzugehen. Außerdem können sich die so bezeichneten „Digital Natives" der Bedeutung des Internets und den Auswirkungen der Nutzung heutzutage kaum entziehen. Als „Digital Natives" werden die Personen bezeichnet, die mit einer in den Alltag integrierten Nutzung digitaler Medien aufgewachsen sind (häufig die Personen, die ab dem Jahr 1980 geboren wurden; Prensky, 2001). Sie sind es gewohnt, Informationen online schnell abrufen zu können und diese simultan mit anderen Aufgaben zu verarbeiten. Damit einhergehende neue Denkmuster haben unter anderem weiterentwickelte Informationsverarbeitungsprozesse zur Folge, die sich auch auf neuronaler Ebene zeigen lassen (Wolff, 2011). Unabhängig vom Verschwinden der digitalen Kluft zwischen Eltern und Kindern (Digital Divide; Norris, 2001) erscheint es auch aufgrund der geringeren Lebenserfahrung notwendig, bei der Vermittlung von Internetkompetenz bei der jüngeren Generation anzufangen.

Nach Livingstone und Kollegen (2005) erfordert die steigende Bedeutsamkeit von Medien, Information und Kommunikation in den jüngeren Bevölkerungsgruppen verschiedene Fähigkeiten und Kenntnisse, um effektiv mit verschiedenen Medienarten umgehen zu können sowie die durch eine dysfunktionale Mediennutzung entstehenden Risiken zu vermeiden. Das Fehlen einer solchen Kompetenz kann ihrer Auffassung nach unter anderem zu sozialer Isolation und auch zu Ungleichheiten innerhalb der Gesellschaft führen. Ausgeprägte Fertigkeiten im Umgang mit dem Internet stehen in einem direkten Zusammenhang mit der Breite an verfügbaren Nutzungsmöglichkeiten. Andererseits steigen dadurch auch die potenziellen Risiken, die Jugendliche infolge ihrer Nutzung eingehen können. Deshalb wird an einen gewissenhaften und kritischen Umgang mit Internetangeboten appelliert (Livingstone et al., 2005). Anders als bei ihrer Definition von Medienkompetenz (Livingstone, 2004a, 2004b) wird in der Arbeit von Livingstone et al. (2005) Internet Literacy als ein dreidimensionales Konstrukt bestehend aus den Dimensionen *Access* (Zugang), *Understanding* (Verständnis) und *Creation* (Produktion) dargestellt. Den Autoren zufolge wird der Nutzerin/dem Nutzer mittels dieser Komponenten der *Zugang* zu Hardware sowie Online-Inhalten und -Services ermöglicht und sie werden dazu befähigt, die verschiedenen Bedingungen eines Zugangs zu regulieren. Daneben ist ein ausgeprägtes *Verständnis* von Online-Inhalten ausschlaggebend für eine effektive und kritische Bewertung von Informationen und Chancen, die sich online bieten. Die Dimension der *Produktion* ermöglicht der Nutzerin/dem Nutzer sowohl aktiver Produzent als auch Empfänger von Inhalten zu werden, was die Interaktivität und Partizipation im Internet steigert. Die Dimensionen stehen dabei nicht allein für sich, sondern stützen sich gegenseitig.

Buckingham (2008) kritisiert, dass sich bisherige Konzeptionen von Internetkompetenz insbesondere auf technische Fähigkeiten fokussieren, die zwar essentieller Grundbestandteil seien, jedoch seiner Meinung nach auch die einfachsten zu erlangenden Fähigkeiten darstellen. Die Wichtigkeit einer weitergefassten Definition begründet er mit der immer stärker verschwimmenden Grenze zwischen klassischen und neuen

Medien, die er als ein kulturelles und in den Alltag integriertes Kommunikationsmittel unter Jugendlichen darstellt. Seiner Auffassung nach darf bei einem kompetenten Umgang mit Internetanwendungen das kulturelle Verständnis als zusätzliche Fertigkeit nicht zu kurz kommen. Zusätzlich sollte das Ziel von Internetkompetenz die Förderung eines besseren kritischen Verständnisses davon sein, wie neue Medien funktionieren, wie sie Meinungen bilden und die Welt darstellen können. Genauso wichtig sei es, über die Zusammenhänge zwischen Produzent und Rezipient Bescheid zu wissen, da sich auch diesbezüglich die Grenzen zwischen kritischer Analyse und praktischer Produktion mehr und mehr überschneiden. Buckingham stellt dementsprechend ein aus vier Dimensionen zusammengesetztes Modell auf, das im Folgenden am Beispiel der Gestaltung sowie Rezeption von Internetseiten dargestellt werden soll.

1) Die Dimension *Representation* (Darstellung) beinhaltet die Bewertung der Glaubwürdigkeit und Verlässlichkeit von Inhalten im Internet.

2) *Language* (Sprache) umfasst die Bewertung sowie Nutzung von visuellen und verbalen Rhetoriken, welche den Leser ansprechen sollen. Dies können zum Beispiel grafische Designelemente, Kombination von Text, Bild und Audio sowie die Verwendung von interaktiven Elementen sein.

3) Die Dimension *Production* (Produktion) bezieht sich auf die Art der Autorenschaft im Web, wie zum Beispiel die Nutzung des Internets aus der Sicht von Individuen, Gruppen oder Unternehmen mit dem Zweck, andere Nutzerinnen und Nutzer zu überzeugen oder zu beeinflussen. Dabei geht es auch um den kommerziellen Zusammenhang heutiger Internetangebote und klassischer Medien, wie dem Fernsehen oder Videospielen.

4) Die *Audience*-Dimension (Publikum) umfasst Arten der Online-Partizipation, von der Teilnahme an Online-Umfragen bis hin zu eigenen produzierten Inhalten, genauso wie das generelle Verständnis dafür, wie das Internet genutzt wird (zum Beispiel um Information von Konsumenten zu sammeln).

Unter Jugendlichen und jungen Erwachsenen ist die Nutzung von SNS stark verbreitet und bietet eine Fülle an vorteilhaften Nutzungsmöglichkeiten, wie zum Beispiel den Austausch selbstproduzierter Inhalte. Vanwynsberghe et al. (2011) zu Folge kann in einigen Fällen eine falsche oder unangemessene Nutzung von Social Media (im Sinne nicht auf das Internet beschränkter interaktiver Medien) auch zu erheblichen Nachteilen für die Nutzerinnen und Nutzer führen, zum Beispiel dann, wenn weniger Wert auf die eigene Privatsphäre und den Schutz persönlicher Daten gelegt wird. Nicht alle Nutzerinnen und Nutzer besitzen die notwendigen Kompetenzen, um mit Social-Media-Inhalten kritisch und gewissenhaft umzugehen und sind folglich in der Lage, alle Vorteile dieser Anwendungen optimal für sich zu nutzen. Da Social-Media-Plattformen im Vergleich zu anderen Medien mehr Initiative und Interaktion von Seiten der Nutzerinnen und Nutzer erfordern, liegt der Fokus beim von den Autoren vorgestellten Modell der „Social Media Literacy" vor allem in den Bereichen der Produktion von Inhalten, der Kommunikation und Zusammenarbeit zwischen einzelnen Nutzerinnen und Nutzern sowie dem gegenseitigen Austausch von Inhalten. Zusätzlich stellen die Autoren den Anspruch, dass ein solcher handlungsorientierter und fertigkeitenbasierter Ansatz empirisch messbar sein sollte. Auf Grundlage dieser Vorüberlegungen und verschiedener Medienkompetenz-Definitionen (Livingstone, 2004a, 2004b; van Deursen, 2010) definieren Vanwynsberghe und Kollegen Social Media Literacy wie folgt:

> *„Social media literacy is the access to social media applications, the knowledge, skills, attitudes and self-efficacy of individuals to (appropriately) use social media applications and to analyze, evaluate, share and create social media content" (Vanwynsberghe et al., 2011, S. 31).*

Es wird verdeutlicht, dass einzelne Fertigkeiten, die bereits in grundlegenderen Konzepten der Medienkompetenz verankert sind, für die spezifische Anwendung auf Social Media Angebote verstärkt und zum Teil erweitert werden müssen. Neben der notwendigen technischen Expertise für den Umgang mit Social-Media-Anwendungen stehen vor allem die kritische Analyse und Evaluation, der Austausch und die eigene Erstellung von Inhalten im Fokus. Ferner unterteilen Vanwynsberghe und Kollegen die Social-Media-Kompetenz in objektive und subjektive Kompetenzen. *Objektive Kompetenzen* werden wiederum aus medium- und inhaltsbezogenen Kompetenzen gebildet. *Mediumbezogenes Wissen* umfasst dabei die grundlegenden (technischen) Fähigkeiten und das Basiswissen eines Individuums, zum Beispiel um eine Website zu öffnen oder über Hyperlinks zwischen einzelnen Seiten zu navigieren. Diese Fertigkeiten bilden die Grundlage für eine effektive Anwendung des fortgeschrittenen *inhaltsbezogenen Wissens*. Dieses beinhaltet sowohl Fertigkeiten zur kritischen Analyse und Interpretation von relevanten Inhalten als auch zum Teilen und zum Austausch von Nachrichten sowie fremden oder eigens produzierten Inhalten mit anderen. Persönlichkeitsabhängige Variablen, wie zum Beispiel die Einstellung gegenüber Social Media oder die Selbstwirksamkeit eigener Kompetenzen, werden unter den subjektiven Kompetenzen zusammengefasst. Die Autoren weisen darauf hin, dass nicht jede Person über alle Fertigkeiten und alles Wissen hinsichtlich Social Media verfügen muss. Welche Kompetenzen für eine Person als relevant erscheinen, hängt viel mehr davon ab, welche Ziele gesetzt werden. Die Autoren gehen von einem dreidimensionalen Modell des Umgangs mit Social-Media-Anwendungen aus (siehe Abbildung 10).

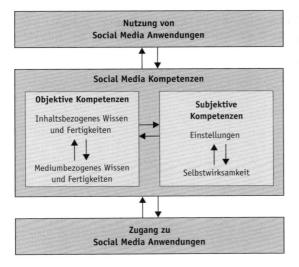

ABBILDUNG 10:
Konzeption der
Social Media Literacy

Abbildung nach Vanwynsberghe und Kollegen (2011).

Nach Döring (2003) stehen neben generellem medientechnischen Wissen und Erfahrungen mit Internetanwendungen vor allem die reflektierte Integration der Internetnutzung in den Alltag sowie ein selbstkritischer Umgang mit eigenen Wissensdefiziten im Vordergrund funktionaler Internetnutzung. Zudem rät sie, dass auf eine adäquate Auswahl von Online-Inhalten und -Kontakten Wert gelegt wird. Ebenso wichtig sind nach Döring Fertigkeiten zur kreativen Produktion von Netzinhalten sowie regulatorische Kompetenzen, das heißt eine verstärkte zeitliche Strukturierung und Kontrolle des eigenen Internetnutzungsverhaltens. Im Alltag erworbene Kommunikations- und Sozialkompetenzen gilt es Döring zufolge auch bei der Nutzung von Medien einzubringen, genauso wie die Chancen und auch Gefahren des Internets wahrzunehmen und damit angemessen umzugehen.

Trotz der Vielzahl von theoretischen und deskriptiven Arbeiten in diesem Bereich mangelt es bislang an empirischen Arbeiten, die den Einfluss von Internet*kompetenzen* auf eine funktionale oder auch dysfunktionale Internet*nutzung* näher untersuchen. Ein Grund dafür ist auch, dass sich bislang noch keine standardisierte quantitative Messmethode etablieren konnte, welche die verschiedenen Theorien hinreichend operationalisiert. In einer Studie von Leung und Lee (2011) konnten Zusammenhänge zwischen spezifischen Internetkompetenzen und der Tendenz zur Internetsucht sowie weiteren Internetrisiken festgestellt werden. Auf der einen Seite tendieren Jugendliche, die höhere Fertigkeiten in der Produktion und Veröffentlichung von Online-Material sowie ein höheres Interesse hinsichtlich neuer Technologien aufweisen, eher zu einer unkontrollierten/pathologischen Nutzung des Internets und waren zudem häufiger Internetrisiken wie Belästigungen oder Datenmissbrauch ausgesetzt. Auf der anderen Seite waren Personen, die sich bessere Fertigkeiten im Umgang mit dem Internet zuschreiben und ein höheres Verständnis hinsichtlich sozialer Hintergründe von Informationen besitzen, seltener Opfer von Online-Belästigungen oder vom Missbrauch privater Informationen. Ähnliche Befunde konnte eine Studie von Livingstone und Helsper (2009) zeigen, in der Maße zu Onlinezugang, -nutzung sowie -kompetenzen den Einfluss von demografischen Variablen (Alter, Geschlecht) auf die Onlinechancen und -risiken mediieren. Jedoch zeigen Jugendliche, die die Chancen und Möglichkeiten des Internets für sich nutzen, auch eine erhöhte Anfälligkeit für Gefahren im Internet. Die Autoren erklären diesen Zusammenhang damit, dass die Möglichkeiten des Internets die Jugendlichen dazu auffordern, mehr Zeit online zu verbringen, was wiederum eher dazu führt, Internetrisiken zum Opfer zu fallen.

5.3 EIGENES OPERATIONALISIERTES MODELL EINER INTERNETNUTZUNGSKOMPETENZ

Nachdem nun verschiedene Definitionen, Konzepte und Modelle von Medien- sowie Internetkompetenz dargestellt wurden, soll im Folgenden auf deren Grundlage und unter Berücksichtigung (funktionalen und dysfunktionalen) Internetnutzungsverhaltens von Jugendlichen und jungen Erwachsenen ein eigenes theoretisches Rahmenmodell einer *Internetnutzungskompetenz* vorgestellt werden. Durch die Erweiterung des allgemeineren Begriffs der Internetkompetenz um den Aspekt der Nutzung soll verdeutlicht werden, dass neben technischer Expertise insbesondere der reflektierende und kritische Umgang mit der eigenen Internetnutzung für einen souveränen Umgang mit dem Internet und dessen Inhalten notwendig ist. Dieses Modell bildet ebenfalls die theoretische Grundlage des später vorgestellten Fragebogens zur Erfassung subjektiver Internetnutzungskompetenz.

Es herrscht Einigkeit darüber, dass technische Fertigkeiten die Basis für einen souveränen Umgang mit klassischen und neuen Medien bilden. Zu den technischen Fertigkeiten gehören neben der reinen Bedienung von Geräten und Anwendungen sowohl das Wissen über Medien (Theunert & Schorb, 2010) beziehungsweise die Medienkunde (Baacke, 1999) als auch der Wissenstransfer (Wolff, 2011). Letzterer befähigt Nutzerinnen und Nutzer dazu, bereits vorhandenes Wissen anzuwenden und neue Aufgaben intuitiv auszuführen. Die alleinige Fähigkeit, einen Dienst oder eine Anwendung nutzen und bedienen zu können, reicht jedoch nicht aus, um das Internet souverän zu nutzen. So entwickeln etwa „Digital Natives" bereits ab dem Kindesalter eine technische Expertise im Umgang mit digitalen Medien, können das Internet deswegen aber nicht zwangsläufig auch funktional nutzen (Schmidt et al., 2009).

Ebenfalls herrscht in der Literatur Einigkeit darüber, dass innerhalb des sogenannten Social Web (was als Teil von Social Media alle interaktiven Webanwendungen einschließt) die Fähigkeit zur selbstbestimmten kreativen Gestaltung eigener Inhalte an Bedeutung gewinnt (vgl. Glotz, 2001; Livingstone et al., 2005; Trepte, 2008). Auch Baacke und Theunert beschreiben diese Fähigkeit in den Dimensionen Mediengestaltung beziehungsweise Handeln bereits in ihren allgemeinen Medienkompetenzmodellen (Baacke, 1999; Theunert & Schorb, 2010). Nach Buckingham (2008) stellt zusätzlich die gleichzeitige Berücksichtigung des Publikums bei der Veröffentlichung eine wichtige Voraussetzung dar. Die stark verbreitete Nutzung von Social Media unter Jugendlichen (Feierabend et al., 2014) unterstützt die Annahme, Kompetenzen im Bereich der Produktion von Inhalten in das Modell mit aufzunehmen. Neben der Möglichkeit, eigene Inhalte und Beiträge zu veröffentlichen, steht im Kontext des Social Web auch die Kommunikation und soziale Interaktion mit anderen im Vordergrund. Die Ergebnisse der JIM-Studie 2014 (Feierabend et al., 2014) zeigen weiter, dass das Internet von Jugendlichen hauptsächlich zur sozialen Interaktion und Kommunikation genutzt wird, was wiederum auch zur Entwicklung des eigenen Selbstbildes beiträgt (Schmidt et al., 2009). Auf der anderen Seite wird in einer Arbeit von Davis (2001) angenommen, dass Internetnutzerinnen und -nutzer, die vor allem positives Feedback zu selbstproduziertem Material oder zu ihrer Person erhalten, auch mehr Zeit und Anstrengung online zeigen, um dieses positive Selbstbild aufrecht zu erhalten. So geht ein erfahrener und kreativer Umgang zum Beispiel mit Social-Web-Applikationen nicht zwingend mit einer funktionalen Nutzung einher, sondern kann unter Umständen auch Internetrisiken begünstigen.

Einen weiteren wesentlichen Bestandteil von Medien- und Internetkompetenz stellt der kritische Umgang mit massenmedial verbreiteten Informationen dar, wozu auch die Reflexion des eigenen Onlineverhaltens zählt. So sollten zum Beispiel bei der Veröffentlichung eigener Beiträge stets auch die nachfolgenden Konsequenzen für einen selbst und für andere berücksichtigt werden. Baacke (1999) integriert diese Fertigkeiten in der Dimension Medienkritik. In weiteren Konzeptionen werden diese Fertigkeiten unter der moralischen Dimension (Aufenanger, 1997), der Dimension Bewerten (Theunert & Schorb, 2010) und den Dimensionen Analysis und Evaluation (Livingstone, 2004a, 2004b) zusammengefasst.

Ferner nehmen verschiedene Autoren an, dass regulatorische Kompetenzen dabei unterstützen können, dysfunktionale Verhaltensweisen (wie zum Beispiel eine pathologische Internetnutzung) zu vermeiden und das Internet verantwortungsvoller zu nutzen (z. B. Döring, 2003; Wolff, 2011). Nach Döring (2003) gehört es zu den Grundbedingungen einer erfolgreichen Internetnutzung, die Chancen und Risiken des Mediums wahrzunehmen sowie die eigene Internetnutzung zeitlich strukturieren und kontrollieren zu können. Entsprechend der oben aufgeführten Theorien leiten wir folgende Dimensionen der Internetnutzungskompetenz ab:

1) *Technische Expertise:* Diese Dimension beschreibt die technische Fertigkeit, mit Computer- und Internetanwendungen umzugehen, die durch wiederholte Nutzung erworben und weiter ausgebildet wird. Aufgrund stetiger Entwicklungen und Innovationen im Bereich der neuen Medien erscheint auch die Motivation, sich neues Wissen anzueignen und dieses auf den neusten Stand zu bringen als wichtige Determinante einer Internetnutzungskompetenz. Zusätzlich zur rein technischen Handhabung verschiedener Applikationen gehört zu dieser Dimension auch das Wissen über den nützlichen Umgang mit verschiedenen Anwendungen, zum Beispiel das Wissen darüber, mit welcher Anwendung ein bestimmtes Ziel erreicht werden kann. Die technische Expertise ist daher auch eine Voraussetzung der weiteren Dimensionen einer Internetnutzungskompetenz.

2) *Produktion und Interaktion:* Diese Dimension umfasst zum einen die Fähigkeit, sich durch die Produktion eigener Inhalte und Beiträge im Internet einzubringen, kreativ zu sein und die geeignete Plattform dafür zu finden. Die Betrachtung des Internets als erweiterter Handlungsraum und der Zugriff auf dessen Möglichkeiten steht dabei im Vordergrund. Zum anderen umfasst sie die Fähigkeit, das Internet in angemessener Weise als Plattform für die Kommunikation mit anderen Personen zu nutzen. Die Charakteristika der Online-Kommunikation (zum Beispiel das Fehlen von nonverbalen Informationen) sollten von jeder Nutzerin und jedem Nutzer während der Interaktion berücksichtigt werden, auch um mögliches Fehlverhalten anderer Nutzerinnen und Nutzer zu erkennen. Ebenfalls zu dieser Dimension gehört die Nutzung der Chancen des Internets, wie zum Beispiel die einfachen Möglichkeiten zur Kontaktpflege.

3) *Reflexion und kritische Analyse:* Diese Dimension beschreibt die Fähigkeit, Online-Inhalte hinsichtlich ihrer Glaubwürdigkeit einschätzen und nützliche Informationen herausfiltern zu können. Das Bewusstsein über Konsequenzen des eigenen Verhaltens, etwa durch eigene Veröffentlichungen oder die Bereitstellung persönlicher Daten, gehört ebenfalls zu dieser Dimension.

4) *Selbstregulation:* Diese Dimension umfasst die Fähigkeit, die eigene Internetnutzung anhand persönlicher Standards zu kontrollieren und zu regulieren, um dysfunktionales Verhalten und damit einhergehende negative Konsequenzen zu vermeiden. Dazu gehören zum Beispiel ein geregeltes Zeitmanagement ohne alltägliche Pflichten zu vernachlässigen, nur um mehr Zeit online verbringen zu können. Abbildung 11 fasst die einzelnen Facetten des Internetnutzungskompetenz-Modells sowie deren inhaltlichen Konkretisierungen stichpunktartig zusammen:

ABBILDUNG 11:
Konzeption der Internetnutzungskompetenz

Internetnutzungskompetenz			
Technische Expertise	**Produktion und Interaktion**	**Reflexion und kritische Analyse**	**Selbstregulation**
Fertigkeiten in der Bedienung von Software und Hardware sowie Internetanwendungen	Wahrnehmung und kreative Nutzung des Internets zur Veröffentlichung eigens produzierter Inhalte und zur sozialen Interaktion	Kritische Auseinandersetzung mit fremden und eigenen Inhalten, dessen Relevanz, Glaubwürdigkeit und möglichen Konsequenzen	Kontrolle des eigenen Internetverhaltens anhand persönlicher Standards, z. B. Zeitmanagement

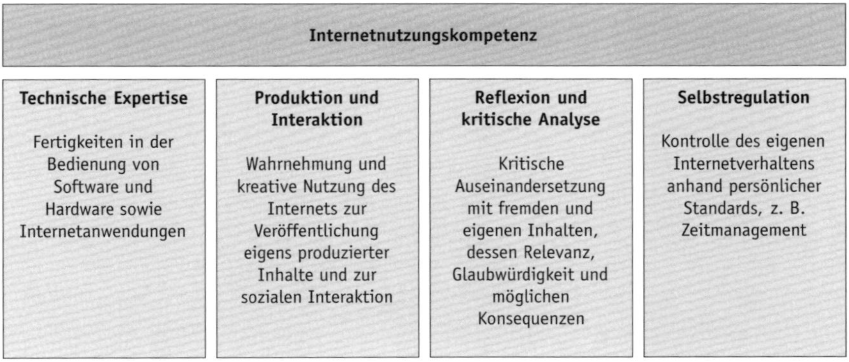

6 METHODIK

Dem empirischen Teil dieser Arbeit liegen zwei Teilstudien zu Grunde. Die erste Studie untersuchte in einem experimentellen Laborsetting durch Einsatz neuropsychologischer Testverfahren verschiedene Faktoren aus Sicht der Kognitionspsychologie, die eine pathologische Nutzung des Internets oder von SNS sowie die Tendenz einer Beteiligung an Akten des Cybermobbings begünstigen. Es wurden außerdem methodische Gemeinsamkeiten mit der zweiten Studie angestrebt, wie unter anderem der Einsatz identischer Fragebögen, um die Stichprobe bei einzelnen Fragestellungen zu vergrößern. Diese zweite Studie wurde als Online-Befragung angelegt, die mittels der Verwendung verschiedener Fragebögen ebenfalls Prädiktoren, aber auch Moderatoren und Mediatoren einer dysfunktionalen Internetnutzung erhob.

Insgesamt umfasste die Laborstudie (Studie 1) ungefähr 120 Minuten, während die Online-Befragung (Studie 2) lediglich 30 Minuten in Anspruch nahm. Teilnahmeberechtigt waren alle weiblichen und männlichen Interessierten im Alter von 14 bis 29 Jahren, die zu diesem Zeitpunkt einen Internetzugang besaßen. Die Rekrutierung erfolgte sowohl an der Universität Duisburg-Essen als auch mit Hilfe der Kooperationspartner und Mailinglisten der Landesanstalt für Medien Nordrhein-Westfalen. Unter den Teilnehmerinnen und Teilnehmern der Online-Befragung wurden Sachpreise und Gutscheine verlost. Probanden der Laborstudie erhielten eine finanzielle Aufwandsentschädigung.

6.1 FRAGEBÖGEN UND AUFGABEN

Im Folgenden sollen die in beiden Studien eingesetzten Fragebögen sowie die relevanten neuropsychologischen Testverfahren aus Studie 1 kurz vorgestellt werden.

6.1.1 FRAGEBOGEN ZUR ERFASSUNG VON INTERNETNUTZUNGSKOMPETENZ

Ein für das Forschungsvorhaben zentraler Fragebogen misst die subjektiv bewertete Internetnutzungskompetenz (INK; Stodt, Wegmann & Brand, unter Begutachtung) der Probanden mittels 24 Items in den vier Dimensionen *Technische Expertise, Reflexion und kritische Analyse, Produktion und Interaktion* sowie *Selbstregulation*. Die als Aussagen formulierten Items werden jeweils auf einer sechs-stufigen Skala (0 = „stimme überhaupt nicht zu" bis 5 = „stimme vollkommen zu") bewertet. Die Gesamtwerte stellen Mittelwertscores dar, wodurch entsprechende Werte von 0 bis 5 pro Dimension möglich sind. Ein beispielhaftes Item der Dimension *Produktion und Interaktion* lautet „Im Internet kann man sich zwangloser mit anderen Personen austauschen als offline."

6.1.2 SHORT INTERNET ADDICTION TEST

Der „Short Internet Addiction Test" (s-IAT; Pawlikowski et al., 2013) ist eine modifizierte und gekürzte Version des „Internet Addiction Tests" von Young (1998a), welcher in Anlehnung an die Kriterien für pathologisches Glücksspiel entwickelt wurde. Der Fragebogen erfasst dabei die Tendenz zur Entwicklung und Aufrechterhaltung einer Internetsucht, welche sowohl auf den subjektiv erfahrenen Leidensdruck als auch auf zeitliche und soziale Beeinträchtigungen im Alltag durch die Nutzung des Internets zurückführen ist. Der s-IAT umfasst insgesamt zwölf Items, von denen jeweils sechs die beiden Dimensionen *zeitliche Beeinträchtigungen/Kontrollverlust* und *soziale Belange/ Craving* abbilden. Ein beispielhaftes Item lautet „Wie oft vernachlässigen Sie alltägliche Pflichten, um mehr Zeit online zu verbringen?". Alle Items werden auf einer fünfstufigen Skala (1 = „nie" bis 5 = „sehr oft") eingeschätzt und anschließenden zu einem Summenscore aufaddiert, dessen Maximalwert entsprechend bei 60 liegt. Mit Hilfe des s-IATs ist es außerdem möglich, eine Differenzierung der Probanden in unproblematische, problematische und pathologische Nutzerinnen und Nutzer vorzunehmen, wobei ab einem Wert von 31 von einer problematischen und bei einem Wert ab 38 von einer pathologischen Internetnutzung ausgegangen werden kann (Pawlikowski et al., 2013) Für die Erfassung einer spezifischen Internetsucht wurde in Abhängigkeit davon, welche Applikation die Teilnehmerinnen und Teilnehmer am häufigsten nutzen, eine zusätzliche modifizierte Version des Fragebogens eingesetzt (zum Beispiel zur pathologischen SNS-Nutzung oder Online-Games).

6.1.3 FRAGEBOGEN ZUR ERFAHRUNGEN MIT CYBERMOBBING

Um die bisherigen Erfahrungen mit Cybermobbing zu erfassen, wurden die Teilnehmerinnen und Teilnehmer befragt, ob sie in der Vergangenheit schon mindestens einmal in der Rolle des aktiven und passiven Täters sowie des Opfers einer Cybermobbing-Handlung waren. Den Abfragen ging eine Definition des Phänomens sowie einer Beschreibung der jeweiligen Rolle voraus, um bei allen Teilnehmenden den gleichen Kenntnisstand und eine Vergleichbarkeit der Antworten zu gewährleisten.

6.1.4 FRAGEBOGEN ZUR ERFASSUNG VON INTERNETNUTZUNGSERWARTUNGEN

Um die Erwartungen an die eigene Internetnutzung zu messen, wurde ein Fragebogen eingesetzt, der diese mittels zweier Subskalen erfasst (Brand, Laier, et al., 2014). Die erste Skala beinhaltet dabei Items, welche die Nutzung des Internets zur *positiven Verstärkung* abbilden (zum Beispiel „Ich nutze das Internet, weil es mir erleichtert Freude zu erleben."). Die zweite Skala umfasst Items zu *Vermeidungserwartungen* (zum Beispiel „Ich nutze das Internet, weil es mir erleichtert Stress abzubauen."). Die insgesamt acht Items werden auf einer sechs-stufigen Skala von 1 („stimme gar nicht zu") bis 6 („stimme voll zu") bewertet. Auch hier werden jeweils Mittelwertscores mit einem Range von 1 (niedrige Erwartungen) bis 6 (hohe Erwartungen) zur Beurteilung der individuellen Ausprägung pro Skala errechnet.

6.1.5 KURZVERSION DES BIG FIVE INVENTORY

Zur Erfassung von grundlegenden Persönlichkeitseigenschaften wurde eine deutschsprachige Kurzversion des „Big Five Inventory" (BFI-10; Rammstedt & John, 2007) eingesetzt. Mit insgesamt zehn Items werden die als Big Five bekannten Persönlichkeitseigenschaften *Neurotizismus, Extraversion, Offenheit, Verträglichkeit* und *Gewissenhaftigkeit* der Probanden erfasst (jeweils zwei Items pro Eigenschaft). Die Items werden auf einer fünf-stufigen Skala (1 = „trifft überhaupt nicht zu" bis 5 = „trifft voll und ganz zu") beantwortet, weshalb hier die Gesamtwerte pro Facette zwischen 1 (niedrige Ausprägung der Eigenschaft) und 5 (hohe Ausprägung der Eigenschaft) liegen können.

6.1.6 BRIEF SYMPTOM INVENTORY

Eine deutsche Übersetzung des „Brief Symptom Inventory" (BSI; Derogatis, 1993; Franke, 2000) wurde genutzt, um die aktuelle subjektive Beeinträchtigung durch körperliche und psychische Symptome der Teilnehmerinnen und Teilnehmer zu erfassen. Vom gesamten Inventar wurden für diese Studie lediglich vier Dimensionen eingesetzt, welche die individuelle Ausprägung von *Depressivität, Ängstlichkeit, Unsicherheit im Sozialkontakt* sowie *Aggressivität* der Probanden misst. Dabei war es die Aufgabe der Probanden, insgesamt 21 Probleme und Beschwerden hinsichtlich ihres Auftretens in den letzten sieben Tagen auf einer fünfstufigen Skala von 0 („überhaupt nicht") bis 4 („stark") zu bewerten. Die sich ergebenden Mittelwertscores liegen entsprechend zwischen 0 (keine Symptombelastung) und 4 (hohe Symptombelastung).

6.1.7 WEITERE FRAGEBÖGEN

Neben den oben dargestellten Fragebögen und Angaben zur Soziodemografie (unter anderem Alter, Geschlecht, beruflicher Status) sowie der durchschnittlichen Internetnutzungszeit (nur in Studie 1) war es die Aufgabe der Teilnehmerinnen und Teilnehmer, die folgenden Fragebögen auszufüllen:

– „Emotion Regulation Questionnaire" (ERQ; Abler & Kessler, 2009)
  – Erfassung von Strategien zur Emotionsregulation
  – Subskalen: *Neubewertung, Unterdrückung*
  – 10 Items auf einer siebenstufigen Skala von 1 („stimmt überhaupt nicht") bis 7 („stimmt vollkommen")
  – Gesamtwerte zwischen 1 (niedrige Ausprägung) und 7 (hohe Ausprägung)
– „Schüchternheitsskala" (Cheek & Buss, 1981)
  – Subskalen: *Schüchternheit, Geselligkeit*
  – 10 Items auf einer fünfstufigen Skala von 1 („stimmt gar nicht") bis 5 („stimmt völlig")
  – Gesamtwerte zwischen 1 (niedrige Ausprägung) und 5 (hohe Ausprägung)
– „Fragebogen zur sozialen Unterstützung" (FSozU; Fydrich, Geyer, Hessel, Sommer & Brähler, 1999)
  – 14 Items auf einer fünfstufigen Skala von 1 („trifft nicht zu") bis 5 („trifft genau zu")
  – Gesamtwert zwischen 1 (niedrige Unterstützung) und 5 (hohe Unterstützung)
– „Coping Inventory for Stressful Situations" (CISS; Cosway, Endler, Sadler & Deary, 2000)
  – Erfassung von Vermeidungsstrategien
  – Subskalen: *aufgabenorientiertes Coping, emotionsorientiertes Coping, vermeidendes Coping*
  – 21 Items auf einer fünfstufigen Skala von 1 („trifft sehr zu") bis 5 („trifft gar nicht zu")
  – Gesamtwerte zwischen 1 (niedrige Ausprägung) und 5 (hohe Ausprägung)

— „Belohnungserwartung bei der SNS-Nutzung"
    — Subskalen: *Impression Management, Socialising*
    — 19 Items auf einer sechsstufigen Skala von 1 („stimme gar nicht zu") bis 6 („stimme voll zu")
    — Gesamtwerte zwischen 1 (niedrige Ausprägung) und 6 (hohe Ausprägung)
— „Vertrautheit mit Computeranwendungen" (VECA; Richter et al., 2001)
    — 12 Items auf einer fünfstufigen Skala von 0 („weit überdurchschnittlich") bis 4 („weit unterdurchschnittlich")
    — Gesamtwert zwischen 0 (hohe Ausprägung) und 4 (niedrige Ausprägung)

6.1.8   GAME OF DICE TASK

Zur Erfassung des allgemeinen Entscheidungsverhaltens unter expliziten Risikobedingungen wurde die „Game of Dice Task" (Brand et al., 2005) eingesetzt. In dieser computergestützten Aufgabe wird in insgesamt 18 Durchgängen jeweils mit einem virtuellen Würfel gewürfelt. Die Probanden haben die Aufgabe, ein fiktives Startkapital von 1.000 € zu vermehren. Vor jedem Wurf sollen sich die Probanden für eine Zahl oder eine Kombination aus zwei, drei oder vier Zahlen entscheiden. Die Gewinne und Verluste sind entsprechend der Gewinnwahrscheinlichkeit gestaffelt (1 : 6 = 1.000 €, 2 : 6 = 500 €, 3 : 6 = 200 €, 4 : 6 = 100 €). Die mit den einzelnen Kombinationen verbundenen Gewinne und Verluste bleiben über die gesamte Spieldauer stabil und werden auf dem Bildschirm angezeigt. Nach jeder Wahl bekommt der Proband Rückmeldung über seinen Gewinn oder Verlust und sein fiktiver Kontostand wird entsprechend aktualisiert. Die Wahl einer einzelnen Zahl oder der Kombination aus zwei Zahlen gilt als riskante Wahl; die Wahl einer Kombination aus drei oder vier Zahlen gilt als sichere Wahl. Als abhängige Variable zur Bestimmung des Risikoverhaltens der Teilnehmenden wird in dieser Studie die Häufigkeit der Wahl einer riskanten Würfelkombination genutzt. Die GDT wurde bislang in einer Vielzahl von Studien zum Entscheidungsverhalten bei verschiedenen Patientengruppen eingesetzt und ihre Bearbeitung korreliert konsistent mit exekutiven Funktionen und der Verarbeitung von Rückmeldungen. So konnte bereits gezeigt werden, dass exzessive World-of-Warcraft-Spieler Defizite in der GDT zeigen, was das dysfunktionale Entscheidungsverhalten im Alltag (Spielen des Spiels trotz negativer Konsequenzen) erklären könnte (vgl. dazu auch Kapitel 3.3.2).

6.1.9 WEITERE EXPERIMENTELLE PARADIGMEN UND NEUROPSYCHOLOGISCHE TESTVERFAHREN

Zur zusätzlichen Erfassung von Entscheidungsverhalten unter Unsicherheitsbedingungen, kognitiven Fähigkeiten, exekutiven Teilleistungen, logischem Denken, Aufmerksamkeitsprozessen, Inhibitionsleistung sowie Überwachungsfähigkeiten wurden die folgenden Testverfahren verwendet:

- „Modified Card Sorting Test" (Nelson, 1976)
- modifizierter Farbe-Wort-Interferenztest
- Leistungsprüfsystem „Subtest 4" (Horn, 1983)
- modifizierte „Go/No-Go Task" mit SNS- sowie Cybermobbing-Stimuli (vgl. Verdejo-García, Bechara, Recknor & Pérez-García, 2007)
- modifizierte „Iowa Gambling Task" mit SNS- sowie Cybermobbing-Stimuli (vgl. Bechara, Damasio, Damasio & Anderson, 1994)
- „Trail-Making-Test A/B" (Army Individual Testbattery, 1944)
- „Aufmerksamkeitsbelastungstest d2" (Brickenkamp, 1962)

6.2 STICHPROBE

Für die verwendeten Fragebögen in Studie 1 und 2 liegen Daten von insgesamt 825 Jugendlichen und jungen Erwachsenen vor. Dabei handelt es sich um eine zufällig angefallene, nicht repräsentative Stichprobe, die jedoch die Zielgruppe der Fragestellung gut abbildet. Das Alter der Teilnehmenden lag zwischen 14 bis 29 Jahren, wobei das Durchschnittsalter 20.09 (SD = 4.34) Jahre betrug. Die Verteilung des Geschlechts war annähernd gleichmäßig: 58.8 Prozent (485) der Teilnehmenden waren weiblich und 41.2 Prozent (340) männlich. Bei einer genaueren Betrachtung der Stichprobe zeigte sich außerdem, dass sich die Mehrheit der Stichprobe aus Schülerinnen und Schülern sowie Studierenden zusammensetzte (68.4 Prozent). Auch Auszubildende waren mit 12.7 Prozent Teil der Stichprobe. Die restlichen 18.9 Prozent machten entweder keine Angaben oder setzen sich aus Arbeitssuchenden, Selbstständigen und Arbeitnehmern zusammen.

Die Verteilung der Angaben zum höchsten Bildungsabschluss bekräftigt den Schwerpunkt der Befragung auf junge Erwachsene und besonders Schülerinnen, Schüler und Studierende: 36.4 Prozent der Befragten gaben das Abitur als höchsten Bildungsabschluss an, während sich 23 Prozent der Personen noch in der Schulausbildung befanden. Weitere 20 Prozent der Teilnehmerinnen und Teilnehmer hatten entweder einen Hauptschulabschluss, die mittlere Reife oder die Fachhochschulreife. Insgesamt hatten 18.2 Prozent ein Studium bereits mit einem Hochschulabschluss (Bachelor, Master, Diplom, Magister oder Promotion) abgeschlossen.

Auf die Frage nach den Wohnverhältnissen berichteten 52 Prozent der Teilnehmenden, dass sie noch mit ihren Eltern und gegebenenfalls Geschwistern zusammenwohnten, alle weiteren gaben an, alleine, mit einem Partner oder in einer WG zu leben.

Die einzelnen Teilstichproben für die Laborstudie und die Online-Befragung ergaben folgende Zusammensetzungen der Probanden: Die Stichprobe der Laborstudie umfasste insgesamt 194 Personen im Alter von 14 bis 29 Jahren. Das Durchschnittsalter lag bei 20.82 Jahren ($SD = 3.35$), 61.8 Prozent waren weiblich und 38.1 Prozent männlich. An der Online-Befragung nahmen 631 Personen teil. Diese waren ebenfalls im Alter von 14 bis 29 Jahren und im Durchschnitt 19.86 Jahre ($SD = 4.58$) alt. Der Prozentanteil der weiblichen Teilnehmer lag bei 57.8 Prozent, die männlichen Teilnehmer machte 42.2 Prozent der Stichprobe aus. Bei einem Vergleich der beiden Stichproben wird deutlich, dass die Verteilung der Geschlechter in den beiden Studien nicht verschieden war. Anders bei der Betrachtung des Alters. Hier waren die Teilnehmenden der Laborstudie im Durchschnitt älter als die der Online-Befragung. Insgesamt wird jedoch deutlich, dass sich beide Teilstichproben aus Schülerinnen, Schülern und Studierenden zusammensetzten und generell hinsichtlich demografischer Beschreibungen keine nennenswerten Unterschiede vorlagen.

Die Abfrage der durchschnittlichen Internetnutzungszeit unter den Teilnehmerinnen und Teilnehmern der Studie 1 ($n = 194$) ergab, dass 79.9 Prozent der Befragten das Internet täglich nutzen, wobei die durchschnittliche Nutzungszeit bei 125.68 Minuten liegt ($SD = 165.53$). Einschränkend ist jedoch anzumerken, dass dies reine Selbsteinschätzungen der Teilnehmerinnen und Teilnehmer sind, die nicht auf Validität geprüft werden können.

Alle Teilnehmerinnen und Teilnehmer bestätigten die Nutzung von Online-Kommunikationsdiensten, worunter unter anderem SNS, Blogs, Microblogs, E-Mail- und Nachrichtenversand subsummiert werden. Das mit Abstand am meisten genutzte Soziale Netzwerk ist auch in dieser Befragung Facebook (90.8 Prozent), gefolgt von Twitter mit lediglich 12.2 Prozent. Die Nutzung der Dienste MySpace, StudiVZ, Xing, StayFriends und ähnlichen liegt jeweils deutlich unter zehn Prozent. Ähnlich wie in zuvor beschriebenen Befragungen nutzt die Mehrheit der Befragten (75.8 Prozent) den Instant-Messaging-Dienst WhatsApp. Auch der Gebrauch des Instant-Messaging- und Telefonie-Dienstes Skype wurde von 59.4 Prozent der Teilnehmenden bestätigt. Alle weiteren Dienste wie ICQ, GoogleTalk oder AIM sind nicht nennenswert in der Stichprobe repräsentiert.

Die Suche nach Informationen oder das Surfen auf Nachrichtenwebseiten wird von 99.2 Prozent der Teilnehmerinnen und Teilnehmer im Internet durchgeführt. Des Weiteren gaben 91.9 Prozent an, Online-Shoppingseiten (zum Beispiel Online-Warenhäuser wie Amazon oder Online-Auktionshäuser wie Ebay) zu nutzen, 88.7 Prozent schauen sich Videos auf entsprechenden Portalen an. Das beliebteste Videoportal ist dabei YouTube (97.3 Prozent). Online-Spiele wie Online-Rollenspiele oder Social Games, oft eingebettet in SNS, werden von 63.3 Prozent gespielt. Lediglich 9.1 Prozent wenden sich außerdem im Internet Glücksspielen wie Online-Poker, Sportwetten oder Online-Casinos zu. Die Nutzung von Webseiten mit pornographischen Inhalten, Videos oder Dienstleistungen bestätigten 32.7 Prozent der Befragten.

7 ERGEBNISSE

7.1 INTERNETNUTZUNGSKOMPETENZ

7.1.1 AUSPRÄGUNG UND SOZIODEMOGRAFIE

Der Fragebogen zur Internetnutzungskompetenz wurde genutzt, um die von den Teilnehmerinnen und Teilnehmern selbst wahrgenommene Expertise in den verschiedenen Kompetenzbereichen bei der Verwendung des Internets zu erheben. Insgesamt zeigen die deskriptiven Statistiken, dass sich die Befragten als vergleichsweise gut hinsichtlich der vier Dimensionen der Internetnutzungskompetenz bewerteten. Bei einem maximal zu erreichenden Wert von 5 (Range 0–5) liegt der Mittelwert der Stichprobe in der *Technischen Expertise* bei 3.02 ($SD = 1.06$) Punkten. Ähnlich hohe Werte zeigen sich bei den Dimensionen *Reflexion und kritische Analyse* ($M = 3.38$, $SD = 0.76$) sowie *Selbstregulation* ($M = 3.16$, $SD = 0.91$). Lediglich in der Dimension *Produktion und Interaktion* bewerteten sich die Befragten im unteren Bereich der Skala ($M = 2.16$, $SD = 1.07$). Des Weiteren lassen sich signifikante Unterschiede in der subjektiv bewerteten Internetnutzungskompetenz zwischen weiblichen und männlichen Teilnehmern verzeichnen. So schrieben sich Männer eine wesentlich höhere *Technische Expertise* zu als Frauen ($t = 15.05$, $p < .001$, $d = 1.06$). Ebenfalls höher bewerteten sich die männlichen Teilnehmer in den Dimensionen *Produktion und Interaktion* ($t = 6.12$, $p < .001$, $d = 0.43$) sowie *Reflexion und kritische Analyse* ($t = 3.90$, $p < .001$, $d = 0.28$), auch wenn der deskriptive Unterschied im Vergleich zur *Technischen Expertise* hier niedriger ausfällt. Hinsichtlich der *Selbstregulation* bei der Internetnutzung bewerteten sich die weiblichen Teilnehmer als kompetenter ($t = -4.79$, $p < .001$, $d = 0.34$). Die geschlechtsspezifischen Mittelwerte der wahrgenommenen Internetnutzungskompetenz sind in Abbildung 12 grafisch dargestellt.

Zusätzlich wurde die Korrelation des Alters der Probanden mit der subjektiv bewerteten Internetnutzungskompetenz untersucht, wobei sich jedoch kein bedeutsamer Zusammenhang zeigen ließ. Demnach scheint eine längere Lebenserfahrung nicht direkt mit höheren technischen, reflektierten und regulatorischen Fähigkeiten in Zusammenhang zu stehen. Lediglich ein kleiner statistischer Effekt lässt sich zwischen dem Alter der Teilnehmerinnen und Teilnehmer und der Dimension *Produktion und Interaktion* verzeichnen ($r = -.141$, p $< .001$), was letztlich darauf hinweist, dass jüngere Probanden von einem kreativeren Umgang mit neuen Medien berichteten als ältere.

ABBILDUNG 12:
Geschlechtsspezifische Mittelwertunterschiede in der wahrgenommen Internetnutzungskompetenz

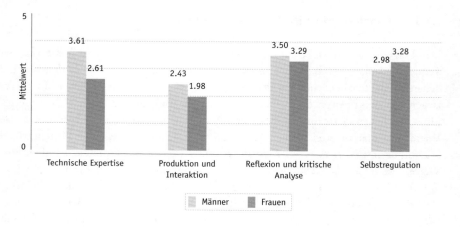

Alle Dimensionen weisen einen statistisch bedeutsamen Unterschied zwischen Männern und Frauen auf (*p* ≤ .05).

7.1.2 PERSONENMERKMALE

In weiteren Analysen zum Zusammenhang zwischen Persönlichkeits-, psychopathologischen sowie sozialen Variablen und der Internetnutzungskompetenz können statistisch bedeutsame Zusammenhänge bei den Dimensionen *Produktion und Interaktion* sowie *Selbstregulation* festgestellt werden. Die Fähigkeit, sich kreativ online zu beteiligen und das Wissen über die Möglichkeit zur erleichterten Interaktion über das Internet gehen dabei mit einem niedrigeren Grad an *Gewissenhaftigkeit* (*r* = −.235, *p* < .001), größerer *Unsicherheit im direkten Sozialkontakt* (*r* = .214, *p* < .001) sowie stärkeren *depressiven Symptomen* (*r* = .227, *p* < .001), einer niedrigeren *wahrgenommenen sozialen Unterstützung* (*r* = −.325, *p* < .001) und einer höher ausgeprägten *Schüchternheit* (*r* = .246, *p* < .001) einher. Verallgemeinert deuten diese Zusammenhänge darauf hin, dass Personen, die sich im Alltag bei sozialen Interaktionen unsicher und ängstlich fühlen und sich häufiger zurückziehen, eher dazu tendieren, online sozialen Kontakt zu suchen. Die Möglichkeiten, die ihnen zum Beispiel SNS bieten, erleichtern es ihnen, online neue Kontakte zu knüpfen, an Diskussionen teilzunehmen oder aber sich durch die Produktion eigener Inhalte kreativ zu beteiligen. Ähnliche Muster zeigen sich bei der Dimension

Selbstregulation. Personen, die sich selbst ein höheres Maß an regulatorischen Fähigkeiten hinsichtlich der eigenen Internetnutzung zuschreiben, weisen generell ein *gewissenhafteres Verhalten* auf ($r = .353$, $p < .001$), sind eher *gesellig* ($r = .226$, $p < .001$) und erfahren *soziale Unterstützung* ($r = .251$, $p < .001$). Auf der anderen Seiten weisen Personen, die ihre Internetnutzung schlechter regulieren und persönlich festgelegte Standards weniger gut einhalten können, eine höhere psychopathologische Symptombelastung auf (*Depressivität:* $r = .265$, $p < .001$; *Unsicherheit im Sozialkontakt:* $r = .183$, $p < .001$). Weitere Korrelationskoeffizienten sind Tabelle 2 zu entnehmen.

TABELLE 2:
Angabe der Korrelationen nach Pearson zwischen den Dimensionen der Internetnutzungskompetenz und den verschiedenen Personenmerkmalen sowie der verbrachten Onlinezeit

	Technische Expertise	Produktion und Interaktion	Reflexion und kritische Analyse	Selbstregulation
BFI10 – Extraversion	**−.140***	**−.271***	.008	**.127***
BFI10 – Verträglichkeit	**−.089***	−.003	**−.082***	.048
BFI10 – Gewissenhaftigkeit	−.043	**−.235***	**.080***	**.353***
BFI10 – Neurotizismus	**−.211***	**.118***	**−.169***	**−.093***
BFI10 – Offenheit	.066	−.046	**.075***	−.015
BSI – Unsicherheit im Sozialkontakt	**−.078***	**.214***	**−.098***	**−.183***
BSI – Depressivität	.001	**.227***	**−.079***	**−.265***
BSI – Ängstlichkeit	−.066	**.145***	**−.084***	**−.201***
BSI – Feindseligkeit	.010	**.210***	−.064	**−.202***
ERQ – Neubewertung	**.077***	−.049	**.094***	**.163***
ERQ – Unterdrückung	**.186***	**.183***	**.089***	−.049
SGSE – Schüchternheit	.038	**.246***	**−.102***	**−.170***
SGSE – Gesellichkeit	**−.106***	**−.281***	.026	**.226***
FSozU – wahrgenommene soziale Unterstützung	**−.098***	**−.325***	**.070***	**.251***
Onlinezeit pro Tag (in Minuten)	**.286***	.088	**.167***	−.140

Anmerkung: Statistisch signifikante Zusammenhänge werden fett gedruckt dargestellt.
* $p \le .05$, ** $p \le .01$, *** $p \le .001$

Weitere Korrelationsanalysen weisen auf Zusammenhänge zwischen der Internetnutzungskompetenz und den persönlichen Internetnutzungserwartungen hin. So haben Personen, die sich kompetent in der Dimension *Produktion und Interaktion* bewerten, auch höhere *Vermeidungserwartungen* ($r = .392$, $p < .001$) und höhere *positive Erwartungen* an ihre Internetnutzung ($r = .387$, $p < .001$). Personen mit höheren Scores in der Skala *Selbstregulation* hingegen haben weniger stark ausgeprägte *Vermeidungserwar-*

tungen ($r = -.354$, $p < .001$) sowie *positive Erwartungen* ($r = -.299$, $p < .001$). Ferner haben Personen mit einer höher wahrgenommenen *Technischen Expertise* positivere Erwartungen an die eigene Internetnutzung ($r = .284$, $p < .001$).

> ⮩ Es gibt Unterschiede in der selbst wahrgenommenen Internetnutzungskompetenz zwischen Männern und Frauen.
>
> ⮩ Erste Analysen verweisen auf einen Zusammenhang einzelner Personenmerkmale wie *Schüchternheit* und *Ängstlichkeit* mit den Dimensionen der Internetnutzungskompetenz.
>
> ⮩ *Regulatorische* und *reflektierende Kompetenzen* scheinen mit einer höheren *Gewissenhaftigkeit, Geselligkeit* oder *sozial erlebten Unterstützung* einherzugehen.

7.2 INTERNETSUCHT

7.2.1 PRÄVALENZ

Zur Ermittlung der Prävalenzraten für den Bereich der Internetsucht beziehungsweise einer spezifischen Internetsucht am Beispiel von SNS wurde der „Short Internet Addiction Test" nach Pawlikowski und Kollegen (2013) respektive eine für Soziale Netzwerke modifizierte Version (s-IAT-SNS) herangezogen. Die Auswertung für die Gesamtstichprobe ergab einen Mittelwert von $M = 24.43$ ($SD = 7.62$) mit einem Range von 12–53 Punkten. Es wurde außerdem ermittelt, welche Teilnehmerinnen und Teilnehmer schon erste negative Konsequenzen und Beeinträchtigungen aufgrund ihrer Nutzung erfahren haben, wobei eine Zuordnung in eine problematische (≥ 31 Punkte) sowie pathologische (≥ 37 Punkte) Nutzung vorgenommen wurde (Pawlikowski et al., 2013). Insgesamt zeigt diese Kategorisierung, dass 21 Prozent der Befragten bereits von einer problematischen Nutzung des eigenen Internetkonsums berichteten. Von diesen 21 Prozent können außerdem 6.3 Prozent als pathologische/unkontrollierte Nutzerinnen und Nutzer eingeordnet werden.

Die bisherige Literatur macht deutlich, dass das Problem problematischer Internetnutzung und die Beteiligung an Cybermobbing besonders bei Jugendlichen im Teenageralter auftritt. Aus dem Grund wurden die Prävalenzraten für die Schülerinnen und Schüler noch einmal gesondert betrachtet. Der Mittelwert des s-IATs liegt hier bei $M = 23.41$ ($SD = 7.72$) mit einem Range von 12–49 Punkten. Dabei ist der Anteil der Probanden, die bereits von einer subjektiv wahrgenommenen Beeinträchtigung im

Alltag berichteten im Vergleich zur Gesamtstichprobe deskriptiv höher. Auf inferenz-statistischer Ebene ist dieser Unterschied jedoch nicht bedeutsam. Somit unterscheiden sich Schülerinnen, Schüler und Studierende nicht hinsichtlich der subjektiven Beeinträchtigung durch ihre Internetnutzung.

Die Ergebnisse für den Grad subjektiver Beeinträchtigung auf Grund einer spezifischen Internetsucht gegenüber SNS ($M = 23.00$, $SD = 7.43$) sind signifikant von den Mittelwerten einer generellen Internetsucht verschieden ($p < .001$), gerechnet mittels eines t-Tests für abhängige Stichproben. Die Prävalenzraten einer generalisierten Internetsucht sind im Vergleich mit einer spezifischen SNS-Problematik niedriger. Hierbei wurde die Gesamtstichprobe mit dem Teil ($n = 424$) der Befragten verglichen, der angab, im Internet in erster Linie SNS aufzusuchen. Das gleiche Bild zeigt sich auch bei der Betrachtung der Schülerinnen und Schüler. Auch hier lässt sich eine stärkere Tendenz zur Ausprägung einer spezifischen Internetsucht nach SNS im Vergleich zu einer generalisierten Internetsucht feststellen.

Es kann generell festgehalten werden, dass die Prävalenzraten bei Schülerinnen, Schülern und Studierenden sowie in der Gesamtstichprobe im Verhältnis sehr ähnlich sind. Dabei zeigt sich, dass die Problematik einer generell unkontrollierten Nutzung des Internets im Vergleich zur unkontrollierten Verwendung einer spezifischen Anwendung stärker ausgeprägt ist.

Eine Übersicht der Prävalenzraten für die einzelnen Teilstichproben sowie differenziert für die generalisierte und spezifische Internetsucht und deren Kategorisierung kann Abbildung 13 entnommen werden.

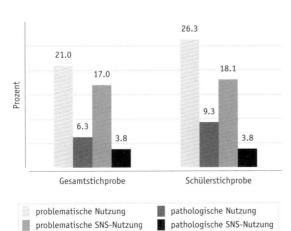

ABBILDUNG 13:
Prävalenzraten problematischer und pathologischer Internetnutzung

Die Angabe der Prävalenzraten ermöglicht die Identifikation des prozentualen Anteils problematischer und pathologischer Nutzerinnen und Nutzer des Internets und Social Networking Sites, differenziert für die Gesamt- (s-IAT: $M = 24.43$ ($SD = 7.62$); s-IAT-SNS: $M = 23.00$ ($SD = 7.43$)) und die Schülerstichprobe (s-IAT: $M = 25.89$ ($SD = 8.10$); $M = $ s-IAT-SNS: $M = 23.41$ ($SD = 7.72$)).

Gesamtstichprobe: 21.0 · 6.3 · 17.0 · 3.8
Schülerstichprobe: 26.3 · 9.3 · 18.1 · 3.8

Prozent

problematische Nutzung
problematische SNS-Nutzung
pathologische Nutzung
pathologische SNS-Nutzung

7.2.2 INTERNETNUTZUNGSKOMPETENZ UND INTERNETSUCHT

Auf Basis des in der Einleitung erläuterten Forschungsstandes zur Rolle der selbstwahrgenommenen Internetnutzungskompetenz bei einer dysfunktionalen Verhaltensweise im Internet wurden auch hier die Effekte der einzelnen Kompetenzfähigkeiten auf das Risiko einer Internetsucht und der Entwicklung einer pathologischen SNS-Nutzung betrachtet. Dabei wurden im ersten Schritt lediglich die Korrelationen zwischen den Variablen der *generalisierten* und *spezifischen Internetsucht* und den Skalen der Internetnutzungskompetenz betrachtet. Bei allen Variablen liegen signifikante Zusammenhänge vor. Während zwischen der generalisierten Internetsucht und den Facetten *Produktion und Interaktion* sowie *Technischer Expertise* dieser Zusammenhang positiv ist, kann bei den Dimensionen *Reflexion und kritische Analyse* sowie *Selbstregulation* ein Vorzeichenwechsel beobachtet werden (siehe Tabelle 3).

TABELLE 3:
Angabe der Korrelationen nach Pearson zwischen den Variablen der pathologischen Internetnutzung und der SNS-Nutzung sowie den Dimensionen der Internetnutzungskompetenz

	s-IAT (Summenscore)	s-IAT-SNS (Summenscore)
INK – Technische Expertise	.153***	.106*
INK – Produktion und Interaktion	.375***	.377***
INK – Reflexion und kritische Analyse	−.089*	−.122**
INK – Selbstregulation	−.455***	−.356***

Anmerkung: Statistisch signifikante Zusammenhänge werden fett gedruckt dargestellt.
* $p \leq .05$, ** $p \leq .01$, *** $p \leq .001$

Zur Konkretisierung dieser Effekte wurde eine lineare, hierarchische Regressionsanalyse gerechnet. Der *Summenscore des s-IAT* war die abhängige Variable, während die vier Dimensionen der Internetnutzungskompetenz als Prädiktoren eingesetzt wurden, um die abhängige Variable zu erklären. Insgesamt können mit diesem Modell 28 Prozent der Varianz aufgeklärt werden ($F(820,4) = 79.68$, $p < .001$). Bei einer Betrachtung der einzelnen Dimensionen wird deutlich, dass vor allem die Fähigkeit der *Selbstregulation* maßgeblich zur Varianzaufklärung beiträgt. Auch die Hinzunahme der Dimensionen *Produktion und Interaktion* und *Technische Expertise* klärt zusätzlich Varianz auf. Die Aufnahme von *Reflexion und kritische Analyse* war nicht signifikant. Auffällig ist außerdem der Vorzeichenwechsel bei den verschieden Dimensionen. Das Risiko einer generalisierten Internetsucht scheint bei guten Selbstregulationsfähigkeiten reduziert zu sein. Personen, die in der Lage sind, ihren Internetkonsum zu reflektieren, sich selbst Grenzen zu setzen und sich erfolgreich dazu entscheiden, den Konsum einzuschränken, haben ein geringes Risiko eines süchtigen also unkontrollierten Internetkonsums verglichen mit Personen ohne diese Fähigkeiten. Im Gegensatz dazu scheinen die Fähigkeiten der *Produktion und Interaktion* sowie eine hohe *Technische Expertise* die Gefahr einer Internetsucht zu begünstigen (siehe Abbildung 14). Die positiven Beta-Gewichte weisen darauf hin, dass Personen, die sich stark mit dem Internet identifizieren und darin involviert sind, sich aktiv, kreativ und produktiv einzubringen, hinsichtlich einer unkontrollierten Nutzung eher gefährdet sind (siehe Tabelle 4).

ABBILDUNG 14:
Darstellung der linearen Regressionsanalyse zur Überprüfung des Effektes der einzelnen Dimensionen der Internetnutzungskompetenz auf eine pathologische Internetnutzung

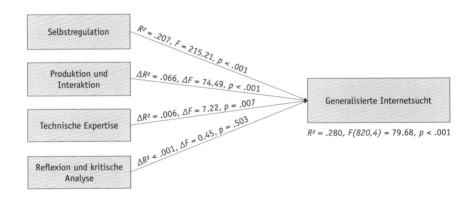

TABELLE 4:
Regressionskoeffizienten der moderierten Regression mit Generalisierte Internetsucht als abhängige Variable

	B	SE	T	β	p
Selbstregulation	-3.14	0.27	-11.59	$-.375$	**$<.001$**
Produktion und Interaktion	1.75	0.23	7.76	$.247$	**$<.001$**
Technische Expertise	0.67	0.25	2.68	$.093$	**$.008$**
Reflexion und kritische Analyse	-0.24	0.35	-0.67	$-.024$	$.503$

Anmerkung: Statistisch signifikante Zusammenhänge werden fett gedruckt dargestellt.

Die Regressionsanalyse mit den gleichen Prädiktoren, jedoch mit der Variable der SNS-modifizierten Version des s-IAT als Kriterium, zeigt ein ähnliches Muster. Insgesamt können 22.7 Prozent der Varianz aufgeklärt werden ($F(419,4) = 30.79$, $p < .001$). Die Effekte der einzelnen Dimensionen weisen dabei die gleiche Systematik auf, die sich bei der Analyse der generalisierten Internetsucht bereits gezeigt hat.

> ⟳ Fähigkeiten der *Selbstregulation* reduzieren das Risiko einer generalisierten Internetsucht und auch der Sucht nach SNS.
>
> ⟳ *Technische Expertise* sowie *Produktion und Interaktion* gehen mit einem höheren Risiko einer generalisierten Internetsucht und der süchtigen SNS-Nutzung einher.

7.2.3 PERSONENMERKMALE

Durch die Verwendung von Korrelationen nach Pearson sowie der anschließenden Nutzung von Regressionsanalysen konnten in den weiteren Auswertungsschritten weitere Mechanismen ermittelt werden, die eine unkontrollierte Internet- beziehungsweise SNS-Nutzung begünstigen oder auch das Risiko der Ausbildung einer exzessiven Nutzung verringern.

Die Ergebnisse zum Zusammenhang von Persönlichkeitsmerkmalen wie *Extraversion, Offenheit, Neurotizismus, Gewissenhaftigkeit* und *Verträglichkeit,* genannt Big Five, mit den Variablen des (modifizierten) s-IAT sind konsistent mit vorherigen Studien (Hong et al., 2014; Ryan, Chester, Reece & Xenos, 2014). Eine hohe *Gewissenhaftigkeit* geht mit einem reduzierten Risiko einer unkontrollierten Nutzung im Vergleich zu einer geringen *Gewissenhaftigkeit* einher. Demgegenüber stehen die Merkmale *Neurotizismus* und *Extraversion*. So scheint es, als ob *Neurotizismus* und *Extraversion* auf korrelativer Ebene mit einer süchtigen Nutzung einer Online-Community oder des Internets generell assoziiert sind. Zwar gibt es hier auch heterogene Befunde, die weniger von einem direkten Effekt ausgehen, dennoch scheint ein Zusammenhang zwischen bestimmten Persönlichkeitseigenschaften und der Tendenz zu einer unkontrollierten Nutzung vorzuliegen. Die Variablen *Offenheit* und *Verträglichkeit* zeigten keinen signifikanten Effekt.

Des Weiteren scheinen auch soziale Komponenten einen relevanten Einfluss zu haben. Die individuell *wahrgenommene soziale Unterstützung* durch Dritte kann als möglicher Präventionsmechanismus verstanden werden, während das Zurückziehen ins Innere und die eigene *Schüchternheit* mit einer Zuwendung zum Internet in Verbindung stehen. Diese Zuwendung erfolgt ebenfalls bei der Unterdrückung von Gefühlen als Mechanismus zur *Emotionsregulation*. Generell kann dies dann dazu führen, dass die *Erwartungshaltung* gegenüber der Onlinewelt eine exzessive Nutzung fördert.

Es gibt bereits eine Vielzahl verschiedener Studien, die einen Zusammenhang zwischen psychopathologischer Symptombelastung wie *Depressivität* oder *Unsicherheit im Sozialkontakt* und einer exzessiven Internetnutzung postulieren (Hong et al., 2014; Whang et al., 2003; Yang et al., 2005). Konsistent mit früheren Studien kann auch in der vorliegenden Befragung ein signifikanter Zusammenhang zwischen einzelnen Personenakzentuierungen *(Depressivität, Unsicherheit im Sozialkontakt, Ängstlichkeit, Aggressivität)* und Symptomen einer Internetsucht nachgewiesen werden.

Die Betrachtung der täglichen Nutzungsdauer und der Tendenz einer pathologischen Nutzung von Internet und SNS verdeutlichen keinen direkten Zusammenhang. Zugleich scheint die Zeit, die im Internet verbracht wird, im Hinblick auf verschwimmende Grenzen von Online- und Offlinezeit kein direkter Prädiktor einer Internetsucht zu sein.

TABELLE 5:
Angabe der Korrelationen nach Pearson zwischen den Variablen der pathologischen Internetnutzung und der SNS-Nutzung sowie verschiedenen Personenmerkmalen sowie der Onlinezeit

	s-IAT (Summenscore)	s-IAT-SNS (Summenscore)
BFI10 – Extraversion	**−.220*****	**−.171*****
BFI10 – Verträglichkeit	.018	.035
BFI10 – Gewissenhaftigkeit	**−.326*****	**−.258*****
BFI10 – Neurotizismus	**.176*****	**.192*****
BFI10 – Offenheit	.014	.079
BSI – Unsicherheit im Sozialkontakt	**.375*****	**.436*****
BSI – Depressivität	**.441*****	**.454*****
BSI – Ängstlichkeit	**.376*****	**.393*****
BSI – Feindseligkeit	**.400*****	**.373*****
ERQ – Neubewertung	−.032	−.005
ERQ – Unterdrückung	**.148*****	**.176*****
SGSE – Schüchternheit	**.217*****	**.220*****
SGSE – Geselligkeit	**−.232*****	**−.208*****
FSozU – wahrgenommene soziale Unterstützung	**−.336*****	**−.340*****
Onlinezeit pro Tag (in Minuten)	.105	−.031

Anmerkung: Statistisch signifikante Zusammenhänge werden fett gedruckt dargestellt.
* $p \leq .05$, ** $p \leq .01$, *** $p \leq .001$

Insgesamt zeigen sich die gleichen Effekte bei einer pathologischen SNS-Nutzung. Dies zeugt von einer Ähnlichkeit hinsichtlich der Prädiktoren und der Symptomatik. Auffällig ist allerdings auch der starke Effekt von Prädiktoren, die besonders die soziale Interaktion mit anderen näher beleuchten. Im Vergleich zur generalisierten Internetsucht scheinen bei einer spezifischen Internetsucht, in diesem Fall der pathologische SNS-Nutzung, besonders Merkmale wie *Unsicherheit im Sozialkontakt, Schüchternheit* oder *sozialer Unterstützung* von größerer Relevanz zu sein (siehe Tabelle 5).

> ⊃ Es gibt einen positiven Zusammenhang zwischen psychopathologischen Symptomen und der Tendenz einer generalisierten wie auch spezifischen Internetsucht.
>
> ⊃ Negative Zusammenhänge liegen zwischen sozialen Faktoren wie *Geselligkeit* und den Tendenzen einer problematischen Nutzung vor.

Im nächsten Schritt wurde ermittelt, welchen Einfluss einzelne Fähigkeiten der Internetnutzungskompetenz auf eine unkontrollierte Nutzung des Internets haben können. Dies basiert auf der Forschungsfrage, ob bestimmte individuelle Fähigkeiten und Merkmale, die zeitlich stabil und weitgehend resistent gegenüber äußerlichen Veränderungen sind, eine funktionale oder dysfunktionale Nutzung des Internets oder von SNS maßgeblich mitbestimmen.

Angelehnt an das theoretische Modell von Brand, Young und Laier (2014) und dessen empirische Überprüfung (Brand, Laier, et al., 2014) wurde exemplarisch ein Mediationsmodell geprüft, welches den Effekt psychopathologischer Symptome auf die Tendenz einer Internetsucht, mediiert durch die Dimension *Produktion und Interaktion* der Internetnutzungskompetenz, kontrolliert. Die psychopathologische Symptombelastung wurde durch die Variablen *Depressivität* und *Unsicherheit im Sozialkontakt* moduliert, analog dazu wurden zur Beschreibung der Internetsucht beide Faktoren des s-IATs verwendet. Die Indizien weisen auf eine gute Passung der Daten auf das beschriebene Modell hin (RMSEA = .036, $p < .001$; CFI = .998; TLI = .993; $\chi^2 = 6.13$, $p = .105$; SRMR = .009). Die Analyse der Daten verdeutlicht außerdem, dass psychopathologische Symptome einen Effekt auf die Entwicklung und Aufrechterhaltung einer Internetsucht haben. Gleichzeitig sind psychopathologische Aspekte auch signifikante Prädiktoren der *Produktion und Interaktion*. Diese beeinflussen ebenfalls die Tendenz zur Internetsucht. Der Einfluss der Symptombelastung wird jedoch partiell durch die gewählte Dimension der Internetnutzungskompetenz mediiert. Mit diesem Modell können 37.9 Prozent der Varianz aufgeklärt werden (siehe Abbildung 15).

ABBILDUNG 15:
**Darstellung der Mediationsanalyse zum Effekt psychopathologischer Symptome und
der Produktion und Interaktion auf die Tendenz einer Internetsucht**

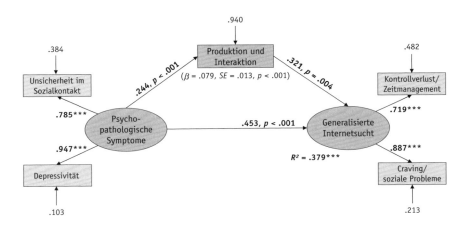

Ellipsen beschreiben Konstrukte, die mittels verschiedener Variablen/Fragebögen operationalisiert und abgebildet werden. Diese einzelnen Variablen/Fragebögen werden durch Rechtecke repräsentiert. Die Pfeile zu den Rechtecken führend bilden die gewählten Variablen für das Konstrukt ab und die dazugehörigen Werte entsprechen der Repräsentationsgüte. Die Pfeile von den Ellipsen oder Rechtecken ausgehend visualisieren den Effekt auf die gezeigte Variable, wobei die dazugehörigen Werte die Größe dieses Effektes sowie deren statistische Relevanz beschreiben.

Die Abbildung verdeutlicht außerdem Folgendes: Personen mit hohen *Depressivitätssymptomen* und Schwierigkeiten im Kontakt mit anderen haben auch eher Schwierigkeiten, ihre Internetnutzung zu kontrollieren. Dies führt zusätzlich dazu, dass sich diese Personen eher dem Internet zuwenden, dort viel mit den Inhalten interagieren, sich selbst kreativ einbringen und gegebenenfalls von dem dort erhaltenden Feedback positiv verstärkt werden. Aus diesem Grund wird das Internet immer wieder aufgesucht, es kommt zu einem Kreislauf, der im Endeffekt das Risiko einer pathologischen Verhaltensweise erhöht.

Der hier exemplarisch dargestellte Mediationseffekt wird in weiteren Modellen deutlich. Dabei zeigt sich, dass Personenmerkmale einen direkten Effekt auf die Tendenz einer Internetsucht haben. Ähnlich wie bei den Korrelationen schon angedeutet, können bestimmte Personenmerkmale wie *Neurotizismus, Extraversion* oder *Schüchternheit* das Risiko einer Symptombelastung durch die eigene Internetnutzung erhöhen. *Gewissenhaftigkeit* und eine hohe wahrgenommene *soziale Unterstützung* reduzieren das Risiko. Dieser Effekt wird aber stets mediiert durch die einzelnen Facetten der Internetnutzungskompetenz. Während *Selbstregulation* oder vereinzelt auch *Reflexion und kritische Analyse* risikobehaftete Merkmale einer Person auffangen oder auch präventive Merkmale reduzieren können, scheinen *Technische Expertise* und *Produktion und Interaktion* das Risiko zu erhöhen oder dysfunktionale Merkmale noch zu verstärken (siehe Abbildung 16). Ähnliche Effekte wurden außerdem bei der Entwicklung einer unkontrollierten SNS-Nutzung gefunden. Hier ist vor allem die Rolle der *sozialen Unterstützung* und der eigenen *Schüchternheit* relevant.

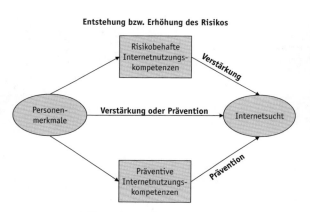

ABBILDUNG 16:
Schematische Darstellung der Interaktion von Personenmerkmalen und der Dimensionen der Internetnutzungs-kompetenz als Mediatoren auf die Tendenz einer Internetsucht

Ein weiterer zentraler Faktor bei der Entwicklung und Aufrechterhaltung einer pathologischen Nutzung des Internets oder auch von SNS ist laut Brand, Young und Laier (2014) auch die *Erwartungshaltung* gegenüber dem Internet, die sich in positiver Verstärkung aber auch Vermeidungstendenzen äußern kann. Die Analyse der Korrelationen nach Pearson zeigt, dass *Vermeidungserwartungen* negativ mit den Big Five Persönlichkeitsmerkmalen (außer *Neurotizismus,* hier positiv), der eigenen *Geselligkeit* und der wahrgenommenen *sozialen Unterstützung* korrelieren. Positive Zusammenhänge konnten zwischen *Vermeidungserwartungen* und *Schüchternheit, Unterdrückung* und den Facetten der psychopathologischen Symptombelastung ermittelt werden. Ähnlicher Natur sind auch die Zusammenhänge zwischen *positiven Erwartungen* gegenüber dem Internet und den hier genannten Variablen. Deutliche Korrelationen zwischen den einzelnen Dimensionen der Internetnutzungskompetenz und den Internetnutzungs-erwartungen liegen ebenfalls vor (siehe Tabelle 6).

TABELLE 6:
Angabe der Korrelationen nach Pearson zwischen den Faktoren der Internetnutzungserwartung und den verschiedenen Personenmerkmalen sowie der Onlinezeit

	Positive Verstärkung	Vermeidungserwartung
BFI10 – Extraversion	–.142***	–.211***
BFI10 – Verträglichkeit	.019	.008
BFI10 – Gewissenhaftigkeit	–.277***	–.289***
BFI10 – Neurotizismus	.068	.193***
BFI10 – Offenheit	.075*	.058
BSI – Unsicherheit im Sozialkontakt	.200***	.407***
BSI – Depressivität	.223***	.412***
BSI – Ängstlichkeit	.180***	.314***
BSI – Feindseligkeit	.177***	.314***
ERQ – Neubewertung	.155**	.058
ERQ – Unterdrückung	.132***	.104**
SGSE – Schüchternheit	.176***	.253***
SGSE – Geselligkeit	–.156***	–.180***
FSozU – wahrgenommene soziale Unterstützung	–.175***	–.269***
Onlinezeit pro Tag (in Minuten)	.167*	.124

Anmerkung: Statistisch signifikante Zusammenhänge werden fett gedruckt dargestellt.
* $p \leq .05$, ** $p \leq .01$, *** $p \leq .001$

Um die Interaktion und mögliche Wechselwirkung zwischen den Personenmerkmalen und der Internetnutzungserwartung genauer zu überprüfen, wurden ebenfalls Mediationseffekte kontrolliert. Ähnlich wie bei der Überprüfung der einzelnen Internetnutzungskompetenzen als Mediator oder der exemplarischen Darstellung des Zusammenhangs anhand einer Analyse werden auch hier die Effekte der Prädiktoren auf die abhängige Variable und die Rolle der Internetnutzungskompetenz als Mediator in einem Modell dargestellt.

Im nachfolgenden Modell (RMSEA = .106, $p < .001$; CFI = .959; TLI = .898; χ^2 = 61.42, $p < .001$; SRMR = .030) wird die Rolle sozialer Aspekte, dargestellt durch die manifesten Variablen *Geselligkeit* und *wahrgenommene soziale Unterstützung*, auf die Tendenz einer Internetsucht überprüft. Dabei wird deutlich, dass eine gute soziale Einbettung das Risiko einer pathologischen Verhaltensweise reduziert. Erhöht wird das Risiko jedoch durch hohe Erwartungen gegenüber dem Internet als hilfreichem Tool zur *Vermeidung negativer Gefühle* oder *Erfahrung positiver Emotionen*. Der Effekt sozialer Aspekte auf die Internetsucht wird aber auch hier teilweise mediiert durch die Internetnutzungserwartung. Die beschrieben Personenmerkmale haben einen direkten Effekt auf die Nutzungserwartung, spezifiziert außerdem durch ein negatives Beta-

Gewicht. Personen mit höherer *sozialer Unterstützung* haben geringere Erwartungen an das Internet zur Emotionsregulation. Das führt außerdem dazu, dass möglicherweise durch diese reduzierten Erwartungen auch die Gefahr einer exzessiven Nutzung von des Internets minimiert wird. Insgesamt können 50.3 Prozent der Varianz aufgeklärt werden (siehe Abbildung 17).

ABBILDUNG 17:
Darstellung der Mediationsanalyse zum Effekt sozialer Aspekte und der Internetnutzungserwartung auf die Tendenz einer pathologischen Internetnutzung

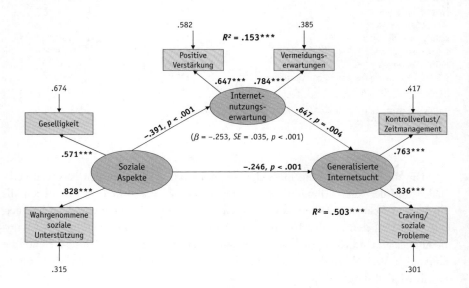

Ähnlich wie bei der Verwendung einzelner Dimensionen der Internetnutzungskompetenz als Mediatoren liegen auch bei der Internetnutzungserwartung konstant Mediationseffekte zwischen Personenmerkmalen und der Tendenz einer Internetsucht vor. Dabei wird deutlich, dass auch hier hohe Erwartungswerte eher auf eine unkontrollierte Nutzung des Internets hinweisen. Bestimmte Personenmerkmale wie *soziale Unterstützung* oder auch *Gewissenhaftigkeit* können diese Effekte reduzieren, während psychopathologische Symptome oder beispielsweise stark ausgeprägter *Neurotizismus* dies noch verstärken.

> ⊃ Der Effekt einzelner Personenmerkmale wird durch präventive Internetnutzungskompetenzen wie *Selbstregulation* und *Reflexion und kritische Analyse* reduziert.
>
> ⊃ Das Risiko einer pathologischen Nutzung des Internets und von SNS wird durch risikobehaftete Kompetenzen wie *Technische Expertise* und *Produktion und Interaktion* verstärkt.

7.2.4 KOGNITIONSPSYCHOLOGISCHE MECHANISMEN

Wie bereits im Modell von Brand, Young und Laier (2014) und anderen empirischen Arbeiten herausgestellt, ist angelehnt an andere Verhaltenssüchte wie Spielsucht oder Kaufsucht auch von einem Effekt kognitionspsychologischer Mechanismen auf die Entwicklung und Aufrechterhaltung einer pathologischen Internet- und SNS-Nutzung auszugehen. Unter diesen kognitionspsychologischen Mechanismen werden unter anderem Exekutivfunktionen, Aufmerksamkeitsprozesse und das Entscheidungsverhalten subsummiert. Es wird ebenfalls mit einer Betrachtung der einzelnen Merkmale und deren korrelativer Zusammenhänge mit den Variablen der (spezifischen) Internetsucht begonnen.

Die Analyse der Korrelationen nach Pearson zeigt für das Entscheidungsverhalten und für die Exekutivfunktionen keine signifikanten Zusammenhänge mit der Tendenz einer Internetsucht. Dies gilt auch für die Betrachtung des Zusammenhangs mit der Entwicklung einer spezifischen Internetsucht für SNS. Dies bedeutet im ersten Schritt nur, dass kein linearer Effekt vorliegt und die Fähigkeit, Entscheidungen zu treffen oder über gute/schlechte Exekutivfunktionen zu verfügen, keinen direkten Einfluss auf die Gefahr einer unkontrollierten Internetnutzung hat.

Werden die Zusammenhänge zwischen den Dimensionen der Internetnutzungskompetenz und den kognitionspsychologischen Merkmalen betrachtet, ergeben sich lediglich vereinzelt signifikante Korrelationen. Die Fähigkeit der *Reflexion und kritischen Analyse* korreliert signifikant positiv mit einzelnen Variablen zur Messung der Exekutivfunktionen wie der Überwachungsfähigkeit, Feedbackverarbeitung und weiteren Aufmerksamkeitsprozessen ($r > .144$, $p < .045$). Vereinzelt gilt dies auch für die selbstwahrgenommene Einschätzung der *Technischen Expertise*.

Im Gegensatz zur Analyse der Personenmerkmale können somit für kognitionspsychologische Mechanismen keine konsistenten, direkten linearen Zusammenhänge ermittelt werden. Aber auf Grundlage des Modells von Brand, Young und Laier (2014) wurde die Annahme formuliert, dass bestimmte Fähigkeiten miteinander interagieren.

Während Personenmerkmale als Prädiktoren eingeordnet werden, greift im Anschluss die Fähigkeit der Internetnutzungskompetenz. Doch auch die exekutive Kontrolle und das Entscheidungsverhalten können den Einfluss bestimmter Mechanismen moderieren. Aus diesem Grund werden in den nachfolgenden Regressionsmodellen die Dimensionen der *Produktion und Interaktion* sowie *Selbstregulation* als Prädiktoren verwendet, während das *Entscheidungsverhalten unter Risikobedingungen* oder Exekutivfunktionen als Moderatoren dienen. Außerdem wird stets die Interaktion zwischen den Variablen berücksichtigt.

Die moderierte Regressionsanalyse zeigt dabei, dass *Selbstregulation* einen signifikanten Einfluss auf die Tendenz einer Internetsucht hat. Das Entscheidungsverhalten leistete keinen Beitrag zur Varianzaufklärung, jedoch die Interaktion beider Variablen. Insgesamt werden durch das Modell 17.3 Prozent der Varianz aufgeklärt ($F(190,3) = 13.24$, $p < .001$). Besonders relevant ist dabei der Vorzeichenwechsel der Beta-Gewichte. Während *Selbstregulation* eher als präventiver Mechanismus eingeordnet werden kann, scheint die Interaktion das Risiko einer Sucht zu erhöhen (siehe Abbildung 18 und Tabelle 7).

ABBILDUNG 18:
Darstellung der moderierten Regressionsanalyse zum Effekt der Selbstregulation, des Entscheidungsverhaltens und deren Interaktion auf die Tendenz einer Internetsucht

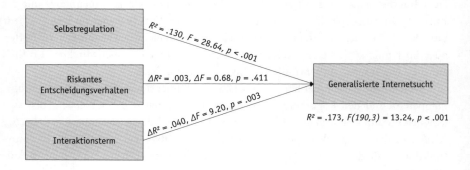

TABELLE 7:
Regressionskoeffizienten der moderierten Regressionsanalyse zum Effekt der Selbstregulation, des Entscheidungsverhaltens und deren Interaktion auf die Tendenz einer Internetsucht

	B	SE	T	β	p
Selbstregulation	−3.17	0.58	−5.43	−.359	**< .001**
riskantes Entscheidungsverhalten	0.32	0.21	1.51	.102	.134
Interaktionsterm	0.84	0.28	3.02	.205	**.003**

Anmerkung: Statistisch signifikante Zusammenhänge werden fett gedruckt dargestellt.

Die Ermittlung der Simple Slopes visualisiert diese Interaktion und verdeutlicht, dass die Tendenz einer Internetsucht bei Personen mit riskantem Entscheidungsverhalten unabhängig von deren Selbstregulationsfähigkeit erhöht ist. Personen mit einer hohen *Selbstregulation* und weniger riskantem Entscheidungsverhalten zeigen jedoch ein vermindertes Risiko. Dem gegenüber stehen Personen, die trotz weniger riskantem Entscheidungsverhalten eher Gefahr laufen, eine pathologische Verhaltensweise zu entwickeln, besonders dann, wenn die Selbstregulationsfähigkeiten eingeschränkt sind. Dies bedeutet, dass einerseits die *Selbstregulation* als präventiver Mechanismus nicht unterschätzt werden sollte. Andererseits ist ein riskantes Entscheidungsverhalten eine mögliche Determinante einer unkontrollierten Nutzung des Internets, die jedoch bei hoher *Selbstregulation* geringer ausfällt (siehe Abbildung 19). Dies gilt es in nachfolgenden Studien näher zu spezifizieren.

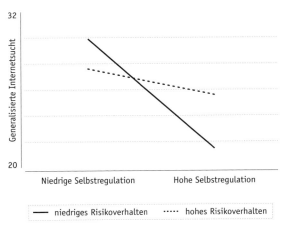

ABBILDUNG 19:
Darstellung der Simple Slopes zur Interaktion von Selbstregulation und dem Entscheidungsverhalten

Wechselt man nun den Prädiktor der *Selbstregulation* gegen die Dimension der *Produktion und Interaktion,* zeichnet sich ein gegenteiliges Bild ab. Gleichzeitig wird weiterhin die starke Relevanz der Internetnutzungskompetenz deutlich. Personen, die sich kreativ und produktiv im Internet engagieren und darin involviert sind, haben ein höheres Risiko einer Internetsucht. Auch hier klärt das Entscheidungsverhalten keine zusätzliche Varianz auf, allerdings die Interaktion des Entscheidungsverhaltens mit der Internetnutzungskompetenz. Insgesamt können mit Hilfe dieses Regressionsmodells 15.9 Prozent der Gesamtvarianz erklärt werden ($F(190,3) = 12.00$, $p < .001$; siehe Abbildung 20 und Tabelle 8).

ABBILDUNG 20:
Darstellung der moderierten Regression zum Effekt der Produktion und Interaktion, des Entscheidungsverhaltens und deren Interaktion auf die Tendenz einer Internetsucht

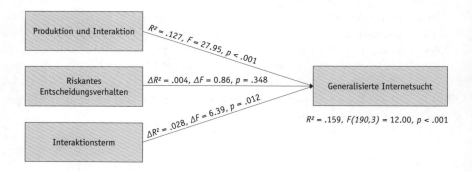

TABELLE 8:
Regressionskoeffizienten der moderierten Regression zum Effekt der Produktion und Interaktion, des Entscheidungsverhaltens und deren Interaktion auf die Tendenz einer Internetsucht

	B	SE	T	β	p
Produktion und Interaktion	2.80	0.51	5.51	.367	**< .001**
riskantes Entscheidungsverhalten	0.15	0.21	0.72	.048	.471
Interaktionsterm	− 0.65	0.26	− 2.52	−.169	**.012**

Anmerkung: Statistisch signifikante Zusammenhänge werden fett gedruckt dargestellt.

Hier kann ebenfalls ein Vorzeichenwechsel beobachtet werden: Während der Prädiktor *Produktion und Interaktion* eher als Risikofaktor eingeordnet werden kann, scheint die Interaktion des Prädiktors und des Moderators präventiv zu wirken. Auch hier wird zur Erklärung der Interaktion die Simple-Slopes-Analyse herangezogen (siehe Abbildung 21).

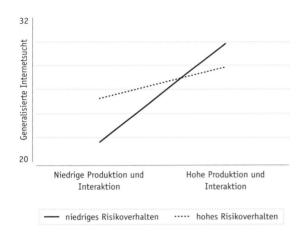

ABBILDUNG 21:
Darstellung der Simple Slopes zur Interaktion von Produktion und Interaktion und dem Entscheidungsverhalten

Die Simple-Slopes-Analyse verdeutlicht abermals das Risiko einer Internetsucht bei riskantem Entscheidungsverhalten, hier unabhängig von der *Produktions- und Interaktionsfähigkeit*. Neigen Nutzerinnen und Nutzer jedoch zu einem weniger riskanten Entscheidungsverhalten und beteiligen sich eher weniger an der Produktion von Inhalten und Interaktionen im Internet, so ist das Risiko einer Sucht geringer als wenn hohe Beteiligungen vorliegen.

Diese Systematik ergibt sich auch, wenn man statt des Entscheidungsverhaltens die Exekutivfunktionen als auch die Fähigkeit der Feedbackverarbeitung berücksichtigt. Diese wurde unter anderem mit dem „Modified Card Sorting Test" (Nelson, 1976) und dem d2-Aufmerksamkeitstest (Brickenkamp, 1962) erhoben. Insgesamt zeigt sich bei der Analyse ein konsistentes Bild. Während die *Selbstregulation* Defizite bei exekutiven Kontrollprozessen auffangen kann und somit das Risiko einer unkontrollierten Verhaltensweise verringert, können fehlende Selbstregulationsfähigkeiten diese Defizite sogar verstärken. Umgekehrt ist es im Fall der *Produktion und Interaktion*. Eingeschränkte Exekutivfunktionen sagen eine höhere Tendenz zur Internetsucht vorher.

Das Risiko kann allerdings dann, analog zum defizitären Entscheidungsverhalten, aufgefangen werden, wenn eine geringe Beteiligung an Internetinhalten vorliegt. Andernfalls kann sich die Gefahr erhöhen.

Diese Ergebnisse können abermals für die spezifische Internetsucht nach sozialen Netzwerken repliziert werden. Generell deuten sie aber alle Folgendes an: Die Fähigkeit der *Selbstregulation* und auch das Ausmaß der aktiven Beteiligung im Internet beeinflussen maßgeblich die Entwicklung einer süchtigen/unkontrollierten Internetnutzung. Präventive sowie risikobehaftete Mechanismen können dabei jedoch Prädiktoren, die das Risiko erhöhen, auffangen. Das bedeutet, dass vor allem die Interaktion zwischen den einzelnen Komponenten von großer Relevanz ist und dadurch Gefahren bei Personen reduziert werden können.

> ⟳ Defizite bei exekutiven Kontrollprozessen oder Entscheidungsverhalten können durch selbstregulatorische Fähigkeiten aufgefangen werden.
> ⟳ Produktive Fähigkeiten verstärken diese Defizite und erhöhen das Risiko einer Internetsucht beziehungsweise einer SNS-Sucht.

7.3   CYBERMOBBING

7.3.1   PRÄVALENZ UND SOZIODEMOGRAFIE

Die Abfrage zu den eigenen Erfahrungen mit Cybermobbing wurde genutzt, um die Verbreitung des Phänomens in der untersuchten Stichprobe aufzuzeigen. Von allen Teilnehmerinnen und Teilnehmern gaben 29.9 Prozent an, bereits einmal eine andere Person online schikaniert zu haben. Dabei können 17.7 Prozent der Gesamtstichprobe als aktive Täter identifiziert werden, da sie zum Beispiel bereits einmal beleidigende Nachrichten verschickt, peinliche Fotos oder Videos online gestellt oder Gerüchte über das Opfer verbreitet haben. Im Vergleich dazu gab ein Viertel (25.6 Prozent) der Befragten an, schon einmal bereits online existierendes Cybermobbingmaterial in der passiven Rolle weitergeleitet, kommentiert oder mit „gefällt mir" markiert zu haben. Dabei lässt sich auch erkennen, dass knapp die Hälfte (13.3 Prozent) aller Cybermobbing-Täter sowohl bereits einmal die Rolle des aktiven als auch des passiven Täters inne hatte. In der Gesamtstichprobe gaben 20.6 Prozent an, bereits einmal online von einer anderen Person schikaniert worden zu sein. Auch hier lassen sich Überschneidungen zwischen Opfer- und Täterrolle feststellen. Der Anteil der Personen, die bereits

Erfahrungen als aktiver Täter und als Opfer hatten (was die klassische Rolle des Opfer-Täters darstellt), liegt in der untersuchten Stichprobe bei 9.8 Prozent.

Bei genauerer Betrachtung der Prävalenzraten ist zu beobachten, dass Schülerinnen und Schüler in dieser Stichprobe deskriptiv häufiger an Cybermobbing beteiligt sind oder waren als ältere Studienteilnehmerinnen und -teilnehmer. So gaben 39.9 Prozent der Schülerinnen und Schüler an, bereits einmal eine andere Person online gemobbt zu haben (24.9 Prozent aktiv, 33.5 Prozent passiv). Knapp ein Viertel aller Schülerinnen und Schüler hat bereits Erfahrung als Cybermobbing-Opfer (24.6 Prozent). Auch der Anteil von Personen mit Erfahrung als Opfer sowie als aktiver Täter liegt mit 12.5 Prozent höher. Weitere χ^2-Tests verdeutlichen, dass die befragten Schülerinnen und Schüler signifikant häufiger von einer Cybermobbing-Täterschaft berichten als die restlichen Studienteilnehmerinnen und -teilnehmer (siehe Abbildung 22). Dies trifft sowohl für die generelle Täterschaft (aktiv + passiv; $\chi^2 = 19.99$, $p < .001$, $\eta^2 = .024$) als auch jeweils für die aktive ($\chi^2 = 15.23$, $p < .001$, $\eta^2 = .019$) sowie passive Täterschaft zu ($\chi^2 = 13.89$, $p < .001$, $\eta^2 = .017$). Dabei sind die Effektstärken jedoch als klein zu bewerten. Die deskriptiven Unterschiede zwischen der Opfer-Rolle und Opfer-Täter-Rolle sind inferenzstatistisch nicht bedeutsam.

ABBILDUNG 22:
Häufigkeiten von Cybermobbing-Erfahrungen in der untersuchten Gesamt- und Schülerstichprobe

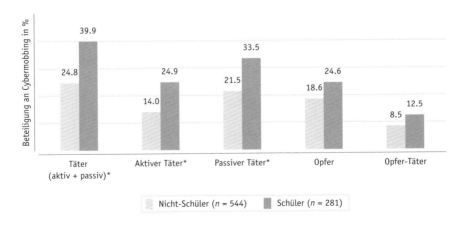

* statistisch signifikanter Unterschied

Diese Ergebnisse unterstützen somit die Befunde aus bisherigen Arbeiten, in denen berichtet wird, dass Cybermobbing vor allem unter Jugendlichen verbreitet ist (z. B. Tokunaga, 2010). Doch es wird auch deutlich, dass dieses Phänomen ein ernstzunehmendes Problem unter (jungen) Erwachsenen darstellt, welches nicht mit dem Ende der klassischen Schulzeit beendet ist (z. B. Faucher et al., 2014; Pontzer, 2009).

Des Weiteren sind Überschneidungen zwischen den einzelnen Rollen im Cybermobbing auffällig. Die Ergebnisse verdeutlichen, dass Teilnehmerinnen und Teilnehmer in der Vergangenheit sowohl in der Rolle des Täters als auch des Opfers waren. Außerdem gaben über die Hälfte der Personen, die bereits eine andere Person aktiv online gemobbt haben, an, Cybermobbing auch schon einmal passiv betrieben zu haben. Die Verhältnisse sowie Überschneidungen der einzelnen Rollen zueinander werden schematisch in Abbildung 23 dargestellt.

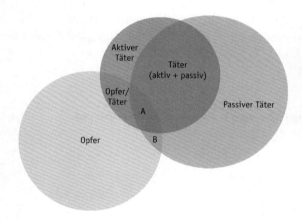

ABBILDUNG 23:
Schematische Darstellung der Rollenverteilung bei Personen mit Cybermobbing-Erfahrungen in der untersuchten Stichprobe

A = Personen mit Erfahrung als aktiver und passiver Täter sowie als Opfer;
B = Personen mit Erfahrungen als Opfer und passiver Täter.

Der Vergleich der Cybermobbing-Erfahrung zwischen den Geschlechtern in der Gesamtstichprobe zeigt, dass männliche Teilnehmer häufiger darüber berichten, bereits eine andere Person online gemobbt zu haben als die weiblichen. Dies trifft sowohl für das aktive ($\chi^2 = 14.90$, $p < .001$, $\eta^2 = .018$) als auch für das passive Cybermobbing zu ($\chi^2 = 9.53$, $p = .002$, $\eta^2 = .012$). Des Weiteren lässt sich bezüglich der Opferrolle ein tendenziell signifikanter Unterschied zwischen Männern und Frauen feststellen, wobei auch hier die männlichen Teilnehmer deskriptiv häufiger Opfer von Onlineschikane sind als Frauen ($\chi^2 = 3.66$, $p = .056$, $\eta^2 = .004$). Dies ist konsistent mit Ergebnissen aus Studien von Faucher und Kollegen (2014) sowie Francisco und Kollegen (2015), zur

Verbreitung von Cybermobbing unter College-Studierenden. Unter den in der vorliegenden Studie insgesamt 281 befragten Schülerinnen und Schülern zeigen sich ähnliche Muster: Schüler sind hier häufiger in Cybermobbing involviert als Schülerinnen. Jedoch ist im Gegensatz zur Gesamtstichprobe dieser deskriptive Unterschied statistisch nicht bedeutsam (alle $p > .05$), was bisherige Befunde von Tokunaga (2010) und Wolak und Kollegen (2007), die keine geschlechtsspezifischen Unterschiede hinsichtlich der Beteiligung an Cybermobbing bei jüngeren Teilnehmerinnen und Teilnehmern finden konnten, bekräftigt (siehe Abbildungen 24 und 25).

Im letzten Schritt wurde geprüft, ob sich Personen, die schon als Cybermobbing-Täter sowohl aktiv als auch passiv aufgetreten sind oder Opfer von Cybermobbing wurden, hinsichtlich ihrer täglich verbrachten Onlinezeit von Personen unterscheiden, die keine Cybermobbing-Erfahrungen haben. Dies basiert auf der Annahme, dass eine erhöhte Nutzungszeit gegebenenfalls die Angriffsfläche oder die Wahrscheinlichkeit, mit schikanierenden Inhalten in Kontakt zu kommen, erhöht. Die Auswertungen auf Gruppenebene verdeutlichen jedoch, dass sich weder aktive Täter (aktiver Täter: $M = 100.98$, $SD = 163.15$, Nicht-Täter: $M = 132.72$, $SD = 166.09$, $t = 1.11$, $p = .268$, $d = 0.19$) noch passive Täter von Nicht-Tätern (passiver Täter: $M = 109.36$, $SD = 121.79$, Nicht-Täter: $M = 134.10$, $SD = 183.96$, $t = 0.99$ $p = .325$, $d = 0.15$) hinsichtlich ihrer Onlinezeit unterscheiden. Es kann ebenfalls kein signifikanter Unterschied in der Nutzungszeit bei Opfern und Nicht-Opfern ermittelt werden (Opfer: $M = 98.40$, $SD = 114.48$, Nicht-Opfer: $M = 134.66$, $SD = 178.60$, $t = 1.32$, $p = .189$, $d = 0.22$).

ABBILDUNG 24:
Beteiligung an Cybermobbing in der untersuchten Gesamtstichprobe

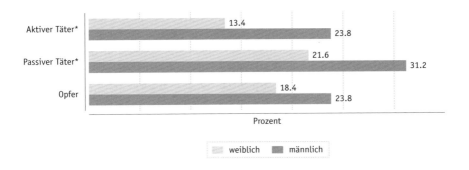

* statistisch signifikanter Unterschied.

ABBILDUNG 25:
Beteiligung an Cybermobbing unter Schülerinnen und Schülern

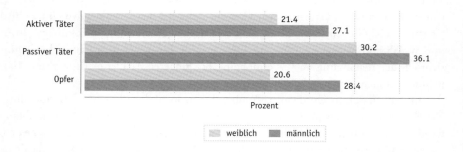

Unterschiede statistisch nicht bedeutsam.

Insgesamt sind die gefundenen Prävalenzen vergleichbar mit denen aus bisherigen nationalen und internationalen Untersuchungen und entsprechen dem von Kowalski und Kollegen (2014) berichteten Range von 10 bis 40 Prozent. Im Vergleich zur Mehrzahl der bisherigen Studien liegen die Raten dieser Untersuchung dennoch weitaus höher, vor allem unter Berücksichtigung des höheren Alters der Stichprobe, die zum Großteil Personen über 18 Jahren und nicht nur Jugendliche wie Schülerinnen und Schüler umfasst. Die hohen Prävalenzen mögen sowohl methodische als auch definitorische Gründe haben (vgl. dazu Kapitel 4.3, S. 53 ff.). So ist die zugrundeliegende Definition des Phänomens nach Smith und Kollegen (2008) sehr weit formuliert und umfasst alle Facetten des Cybermobbings und bezieht sich nicht ausschließlich auf eine Subform oder ein spezifisches Medium als Handlungsort. Ebenso lässt sich keine genaue Aussage darüber treffen, wie stark das Involvement einer Person in der jeweiligen Rolle war oder wie häufig und wie viele Personen ein als Täter klassifizierter Teilnehmender insgesamt schikaniert hat. Auch auf der Opferseite können in dieser Form keine direkten Schlüsse über die Häufigkeit einer Viktimisierung sowie zu emotionalen, psychischen und physischen Konsequenzen für das Opfer gezogen werden. Dennoch weisen die gefundenen Prävalenzen in dieser Stichprobe darauf hin, dass es sich beim Cybermobbing um ein weit verbreitetes Problem und Onlinerisiko handelt, das neben weiteren empirischen Arbeiten zu seinen Entstehungs- und Wirkmechanismen auch verstärkter Präventionsmaßnahmen bedarf. Die im Folgenden berichteten Ergebnisse dieser Studie unterstreichen dies und weisen vor allem darauf hin, welche Rolle die Internetnutzungskompetenz dabei spielen kann.

> ⟳ Überschneidungen zwischen den einzelnen Rollenverteilungen deuten an, dass passive Täter vermehrt auch als aktive Täter auftreten und ebenso Opfer von Cybermobbing sind.
>
> ⟳ Männer berichten eher davon, andere Personen bereits online gemobbt zu haben, als Frauen.

7.3.2   INTERNETNUTZUNGSKOMPETENZ

Zur Untersuchung der Ausprägung subjektiv bewerteter Internetnutzungskompetenz unter Personen mit Erfahrung als Cybermobbing-Täter sowie -Opfer wurde die Gesamt-stichprobe in verschiedene Gruppen eingeteilt, um diese jeweils paarweise zu vergleichen. Verglichen wurden dabei Personen, die mindestens einmal eine andere Person online aktiv ($n = 146$) oder passiv ($n = 211$) schikaniert haben und Personen, die dieses Verhalten noch nie gezeigt haben (aktive Nicht-Täter: $n = 679$; passive Nicht-Täter: $n = 614$). Ein weiterer Vergleich erfolgte zwischen Personen, die bereits einmal online gemobbt wurden ($n = 170$) und denen, die noch nie in der Opferrolle waren ($n = 655$).

Die Analysen mittels t-Tests zeigen, dass sich aktive Täter von Personen, die noch kein aktives Cybermobbingverhalten gezeigt haben, signifikant hinsichtlich der Dimensionen der Internetnutzungskompetenz *Produktion und Interaktion* sowie in ihren Selbstregulationsfertigkeiten unterscheiden. In der Dimension *Reflexion und kritische Analyse* wird die Tendenz deutlich, dass aktive Täter Internetinhalte sowie ihr eigenes Onlineverhalten schlechter kritisch reflektieren können. Ähnliche Effekte zeigen sich unter passiven Tätern. Diese weisen ebenfalls in den INK-Dimensionen *Produktion und Interaktion* sowie *Selbstregulation* höhere Bewertungen als Personen ohne Erfahrungen als passiver Täter auf. Zusätzlich zeigen sie signifikant niedrigere Bewertungen hinsichtlich ihrer reflektorischen Fähigkeiten.

Opfer von Cybermobbing schätzen sich im Vergleich zum Rest der untersuchten Stichprobe selbst als kompetenter bezüglich technischer und selbstregulatorischer Fähigkeiten ein. Außerdem weisen sie wesentlich höhere Werte in der Dimension *Produktion und Interaktion* auf. Anders als bei der Betrachtung der Täter lässt sich kein signifikanter Unterschied in der Dimension *Reflexion und kritische Analyse* beobachten.

Die hier dargestellten Befunde unterstützen und erweitern die Ergebnisse vergangener Studien, zum Beispiel von Heirman und Walrave (2012), die verdeutlichen, dass Personen mit einem kreativeren und produktiveren Zugang zum Internet eher zu riskantem Onlineverhalten tendieren. In Hinblick auf selbstregulatorische Fähigkeiten bezüglich der eigenen Internetnutzung veranschaulichen Floros, Siomos, Fisoun, Dafouli und Geroukalis (2013) sowie Park, Na und Kim (2014), dass die Wahrscheinlichkeit zur Beteiligung an Onlinerisiken mit der Zeit, die online verbracht wird, steigt. Defizite in der reflektierenden Kompetenz unter Cybermobbing-Täter wurden ebenfalls von Dinakar und Kollegen (2012) ermittelt. Interessanterweise kann in der vorliegenden Stichprobe kein Unterschied zwischen Tätern und Nicht-Tätern hinsichtlich ihrer *Technischen Expertise* verzeichnet werden, was darauf hindeutet, dass es irrelevant für eine Cybermobbing-Handlung zu sein scheint, welche Sachkompetenz sich der Täter zuschreibt oder wie gut er mit bestimmten Internetanwendungen umgehen kann (siehe Abbildungen 26 und 27 sowie Tabellen 9, 10 und 11).

ABBILDUNG 26:
Unterschiede zwischen aktiven Tätern und Nicht-Tätern hinsichtlich ihrer wahrgenommenen Internetnutzungskompetenz

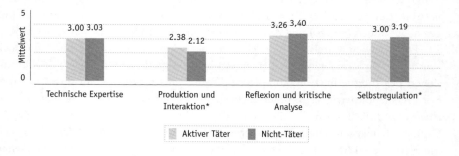

* statistisch signifikanter Unterschied.

TABELLE 9:
Ergebnisse des t-Tests zur Untersuchung der Unterschiede zwischen aktiven Tätern und Nicht-Tätern hinsichtlich ihrer wahrgenommenen Internetnutzungskompetenz

Dimension	Aktive Täter		Nicht-Täter		T	p	d
	M	SD	M	SD			
Technische Expertise	3.00	1.09	3.03	1.06	−0.27	.791	0.03
Produktion und Interaktion	**2.38**	**1.12**	**2.12**	**1.06**	**2.67**	**.008**	**0.24**
Reflexion und kritische Analyse	3.26	0.85	3.40	0.74	−1.83	.070	0.15
Selbstregulation	**3.00**	**0.93**	**3.19**	**0.90**	**−2.34**	**.020**	**0.21**

Statistisch signifikante Unterschiede werden fett gedruckt dargestellt.

TABELLE 10:
Unterschiede zwischen passiven Tätern und Nicht-Tätern hinsichtlich ihrer wahrgenommenen Internetnutzungskompetenz

Dimension	Passive Täter		Nicht-Täter		T	p	d
	M	SD	M	SD			
Technische Expertise	2.94	1.06	3.05	1.06	−1.21	.226	0.10
Produktion und Interaktion	**2.34**	**1.11**	**2.10**	**1.05**	**2.76**	**.006**	**0.22**
Reflexion und kritische Analyse	**3.27**	**0.77**	**3.41**	**0.75**	**−2.27**	**.024**	**0.18**
Selbstregulation	**2.99**	**0.94**	**3.22**	**0.90**	**−3.07**	**.002**	**0.25**

Statistisch signifikante Unterschiede werden fett gedruckt dargestellt.

TABELLE 11:
Unterschiede zwischen Opfern und Nicht-Opfern hinsichtlich ihrer wahrgenommenen Internetnutzungskompetenz

Dimension	Opfer		Nicht-Opfer		T	p	d
	M	SD	M	SD			
Technische Expertise	**3.18**	**1.03**	**2.98**	**1.07**	**2.13**	**.034**	**0.19**
Produktion und Interaktion	**2.48**	**1.18**	**2.08**	**1.03**	**4.02**	**<.001**	**0.36**
Reflexion und kritische Analyse	3.30	0.85	3.39	0.73	−1.29	.198	0.11
Selbstregulation	**2.93**	**0.99**	**3.22**	**0.88**	**−3.57**	**<.001**	**0.31**

Statistisch signifikante Unterschiede werden fett gedruckt dargestellt.

ABBILDUNG 27:
Unterschiede zwischen Personen mit und ohne Opfererfahrungen hinsichtlich ihrer wahrgenommenen Internetnutzungskompetenz

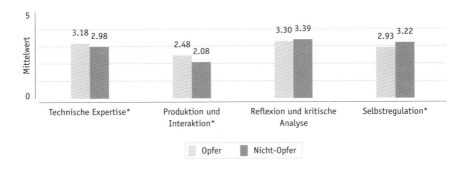

* statistisch signifikanter Unterschied.

> ⟳ Täter schätzen ihre produktiven Kompetenzen höher ein als Nicht-Täter.
> ⟳ Nicht-Täter schreiben sich selbst höhere selbstregulatorische und reflektierende Kompetenzen zu als Täter.
> ⟳ Die gleiche Systematik spiegelt sich auch beim Vergleich von Opfern und Nicht-Opfern wider.

7.3.3 PERSONENMERKMALE

In Anlehnung an die bisherigen Analysen soll im Folgenden die Ausprägung bestimmter Personenmerkmale unter Cybermobbing-involvierten und nicht-involvierten Personen näher betrachtet werden. Im Anschluss werden die gefundenen Täter- und Opfer-typischen Prädispositionen mit den jeweiligen Ausprägungen der Dimensionen einer Internetnutzungskompetenz in Verbindung gebracht und mögliche Interaktionen dieser Variablen aufgezeigt.

Im Vergleich zwischen aktiven Tätern und Nicht-Tätern können signifikante Unterschiede mit kleinen bis mittleren Effekten in der Ausprägung der Personen-merkmale *Verträglichkeit* und *Gewissenhaftigkeit* sowie allen erfassten Dimensionen der psychopathologischen Symptombelastung aufgezeigt werden. Vergleichbare Ergebnisse ergeben sich für die Gruppe der passiven Täter. Diese zeigen ebenfalls eine niedrigere *Gewissenhaftigkeit* ($t = -2.82$, $p = .005$, $d = 0.21$) und weisen höhere Symptombelastungen in den Skalen *Unsicherheit im Sozialkontakt* ($t = 3.49$, $p = .001$, $d = 0.29$), *Depressivität* ($t = 3.29$, $p = .001$, $d = 0.26$), *Ängstlichkeit* ($t = 3.95$, $p < .001$, $d = 0.32$) sowie *Aggressivi-tät* ($t = 5.41$, $p < .001$, $d = 0.45$) auf.

Eine gewissenhafte Persönlichkeit verfügt definitorisch über hohe Selbstdisziplin, organisatorisches Geschick sowie Sorgfalt. Eine niedrigere Ausprägung dieses Merk-mals äußert sich hingegen in häufiger ausgeübten riskanten Aktivitäten (Chauvin, Hermand & Mullet, 2007). Gemäß bisheriger empirischer Arbeiten zur Cybermobbing-Thematik sind Cybermobbing-Täter sowohl offline als auch online häufiger in riskanten Aktivitäten involviert und folgen seltener sozialen Normen (Bollmer, Harris & Milich, 2006; Mishna, Khoury-Kassabri, Gadalla & Daciuk, 2012). Weniger gewissenhaftes Verhalten unter Tätern steht somit in Einklang mit früheren Befunden (Bollmer et al., 2006; Kokkinos, Antoniadou, Dalara, Koufogazou & Papatziki, 2013), genauso wie ein niedrigerer Grad des Merkmals *Verträglichkeit,* welches sich unter anderem auch im weniger empathischem Verhalten einer Person widerspiegelt (Festl & Quandt, 2013).

Hinsichtlich der psychopathologischen Symptome weisen aktive Täter in allen Skalen signifikant höhere Werte auf. Dabei zeigen aktive Täter stärkere Symptome hinsichtlich *Ängstlichkeit, Unsicherheit im Sozialkontakt, Depressivität* und *Aggressivität*. Depressive und weitere psychopathologische Symptome unter Cybermobbing-Tätern konnten bereits Selkie, Kota, Chan und Moreno (2015) sowie Kowalski und Limber (2013) nachweisen. Die dargestellten Ergebnisse unterstützen außerdem die Befunde von Jung et al. (2014), die von Zusammenhängen zwischen einer Cybermobbing-Täter-schaft und Ängstlichkeit sowie regelbrechenden Offline-Verhaltensweisen in einer koreanischen Stichprobe berichten. Des Weiteren wird in älteren Arbeiten zu traditio-nellem Mobbing mehrfach vom Einfluss genereller Aggressivität bei Mobbing-Tätern berichtet (z.B. Olweus, 1993; Pellegrini, Bartini & Brooks, 1999). Die Ergebnisse deuten darauf hin, dass der Grad an Aggressivität ebenfalls eine entscheidende Rolle beim Cybermobbing spielt. Da es sich hier jedoch um eine Querschnittsstudie handelt, lassen sich zunächst keine Schlüsse über die Kausalität zwischen psychopathologischen Merkmalen und dem Verhalten ziehen. Somit bleibt unklar, ob zum Beispiel depressive Symptome der Auslöser oder die Konsequenz des eigentlichen Mobbingverhaltens darstellen, was letztlich nur mittels Längsschnittstudien adressiert werden kann (siehe Tabelle 12).

TABELLE 12:
Unterschiede zwischen aktiven Tätern und Nicht-Tätern hinsichtlich Personenmerkmalen und psychopathologischen Symptomen

	Aktive Täter		Nicht-Täter				
	M	*SD*	*M*	*SD*	*T*	*p*	*d*
Personenmerkmale							
Extraversion	3.56	0.85	3.58	0.95	− 0.33	.740	0.02
Verträglichkeit	**2.90**	**0.75**	**3.05**	**0.81**	**− 2.06**	**.032**	**0.19**
Gewissenhaftigkeit	**3.17**	**0.95**	**3.40**	**0.85**	**− 2.86**	**.004**	**0.26**
Neurotizismus	2.73	0.98	2.68	0.91	0.64	.521	0.05
Offenheit	3.60	0.97	3.71	0.99	− 1.27	.205	0.11
Psychopathologie							
Unsicherheit im Sozialkontakt	**0.91**	**0.78**	**0.66**	**0.70**	**3.53**	**.001**	**0.34**
Depressivität	**0.70**	**0.68**	**0.52**	**0.64**	**3.00**	**.003**	**0.26**
Ängstlichkeit	**0.79**	**0.68**	**0.52**	**0.55**	**4.32**	**< .001**	**0.41**
Aggressivität	**0.91**	**0.81**	**0.54**	**0.59**	**5.14**	**< .001**	**0.52**

Statistisch signifikante Unterschiede werden fett gedruckt dargestellt.

Vergleichbare Muster bei der Einschätzung der Symptombelastungen weisen auch Personen auf, die in ihrer Vergangenheit bereits online gemobbt wurden. Die generell zu beobachtenden mittleren Effektgrößen (Cohen's *d*) lassen allerdings darauf schließen, dass der Unterschied zwischen Personen mit und ohne Opfererfahrungen, unter anderem in deren *Depressivitäts-* und *Ängstlichkeitssymptomen,* noch höher ausfällt als zwischen Tätern und Nicht-Tätern (siehe Tabelle 13). Weitreichende psychopathologische Konsequenzen bei Cybermobbing-Opfern wurden bereits in verschiedenen Arbeiten thematisiert (u.a. Didden et al., 2009; Juvonen & Gross, 2008; Ybarra, 2004) und durch die dargestellten Ergebnisse gestützt.

TABELLE 13:
Unterschiede zwischen Opfern und Nicht-Opfern hinsichtlich Personenmerkmalen und psychopathologischen Symptomen

	Opfer		Nicht-Opfer				
	M	*SD*	*M*	*SD*	*T*	*p*	*d*
Personenmerkmale							
Extraversion	3.56	0.87	3.58	0.95	− 0.25	.801	0.02
Verträglichkeit	2.95	0.78	3.04	0.80	− 1.31	.192	0.11
Gewissenhaftigkeit	**3.23**	**0.98**	**3.39**	**0.84**	**− 1.98**	**.049**	**0.18**
Neurotizismus	2.79	0.97	2.66	0.91	1.59	.112	0.14
Offenheit	3.75	0.98	3.67	0.98	0.85	.394	0.08
Psychopathologie							
Unsicherheit im Sozialkontakt	**1.00**	**0.78**	**0.63**	**0.69**	**5.61**	**< .001**	**0.50**
Depressivität	**0.78**	**0.71**	**0.49**	**0.62**	**4.81**	**< .001**	**0.44**
Ängstlichkeit	**0.75**	**0.69**	**0.52**	**0.55**	**3.95**	**< .001**	**0.37**
Aggressivität	**0.89**	**0.79**	**0.54**	**0.58**	**5.49**	**< .001**	**0.51**

Statistisch signifikante Unterschiede werden fett gedruckt dargestellt.

Zwischen Cybermobbing-involvierten und nicht-involvierten Personen können keine statistisch bedeutsamen Unterschiede hinsichtlich ihrer *Emotionsregulationsstrategien* sowie Ausprägungen von *Schüchternheit* oder *Geselligkeit* festgestellt werden.

Nachdem nun ein Überblick über die generellen Unterschiede zwischen Personen mit und ohne Cybermobbing-Erfahrung in ihrer wahrgenommenen Internetnutzungskompetenz sowie Personenmerkmalen erfolgte, wird das Zusammenspiel dieser Variablen näher untersucht, um mögliche Interaktionseffekte aufzuzeigen. Dabei wird angenommen, dass einzelne Dimensionen der Internetnutzungskompetenz den Einfluss von persönlichen Dispositionen auf die Beteiligung an Cybermobbing moderieren (siehe Abbildung 28). Zur Überprüfung dieser Annahme wurden moderierte binär-logistische Regressionsanalysen gerechnet, deren relevant erscheinende Ergebnisse im Folgenden dargestellt werden sollen.

ABBILDUNG 28:
Theoretisches Modell zum Einfluss von Personenmerkmalen und Internetnutzungskompetenz auf Cybermobbing

Auf Grundlage bisheriger empirischer Arbeiten und den zuvor dargestellten Ergebnissen wurde zunächst der Einfluss aggressiver Tendenzen und der INK-Dimension *Reflexion und kritische Analyse* auf die Entscheidung, eine andere Person aktiv online zu schikanieren, untersucht. Die Analyse zeigt, dass im Gegensatz zu einer höheren *Aggressivität* niedrig ausgeprägte Fertigkeiten in der *Reflexion und kritischen Analyse* von Internetinhalten keinen direkten Einfluss auf die aktive Täterschaft haben (siehe Abbildung 29 und Tabelle 14).

ABBILDUNG 29:
Moderierte binär-logistische Regression mit der abhängigen Variablen aktive Täterschaft

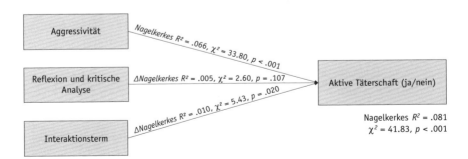

TABELLE 14:

Regressionskoeffizienten der moderierten binär-logistischen Regression mit der abhängigen Variablen aktive Täterschaft

	B	Exp(B)	SE	p
Aggressivität	0.71	2.03	0.13	**< .001**
Reflexion und kritische Analyse	– 0.09	0.91	0.13	.474
Interaktionsterm	– 0.36	0.70	0.61	**.024**

Statistisch signifikante Zusammenhänge werden fett gedruckt dargestellt.

Allerdings trägt die Interaktion beider Variablen signifikant zur Varianzaufklärung der abhängigen Variablen bei. Die Simple Slopes verdeutlichen, dass die Wahrscheinlichkeit, eine andere Person online zu mobben bei Personen, die eher zu aggressivem Verhalten tendieren und gleichzeitig bestimmte Inhalte oder ihre persönliche Internetnutzung schlechter kritisch reflektieren können, höher liegt als bei Personen, die diese Charakteristiken nicht aufweisen (siehe Abbildung 30). Zudem zeigt sich, dass hohe reflektierende und analytische Fertigkeiten die Wahrscheinlichkeit, sich an Cybermobbing zu beteiligen, verringern und zwar unabhängig von generellen aggressiven Verhaltenstendenzen.

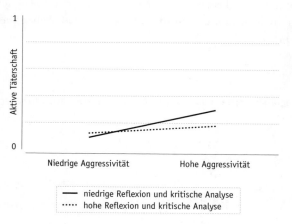

ABBILDUNG 30:
Simple Slopes der moderierten binär-logistischen Regressionsanalyse mit der abhängigen Variablen aktive Täterschaft

Der ebenfalls angenommene Interaktionseffekt lässt sich für die Vorhersage einer passiven Täterschaft nicht bestätigen. Hier trägt alleinig der Faktor *Aggressivität* signifikant zur Aufklärung der passiven Täterschaft bei. Auch auf Seiten der Cybermobbing-Opfer kann keine statistisch bedeutsame Interaktion zwischen Personenmerkmalen und den Dimensionen einer Internetnutzungskompetenz verzeichnet werden.

> ⊃ Personen mit Cybermobbing-Erfahrungen berichten von höherer psychopathologischer Symptombelastung als Personen ohne diese Erfahrungen.
>
> ⊃ Regulatorische und reflektierende Kompetenzen können den Effekt einzelner Personenmerkmale auf die Wahrscheinlichkeit einer Täterschaft reduzieren.

7.3.4 KOGNITIONSPSYCHOLOGISCHE MECHANISMEN

Neben dem Einfluss von grundlegenden Personenmerkmalen und psychopathologischen Symptomen wird angenommen, dass bestimmte kognitionspsychologische Merkmale in Kombination mit der subjektiv wahrgenommenen Internetnutzungskompetenz eine Rolle beim Cybermobbing spielen. So wäre eine theoretische Überleitung möglich, dass Personen, die zu einem riskanten Offline-Verhalten tendieren, auch online riskante Verhaltensweisen zeigen und gewissen Internetrisiken ausgesetzt sind. Des Weiteren scheint bislang unklar zu sein, welche Rolle die Internetnutzungskompetenz, insbesondere der kreative und interaktive Zugang zum Internet, in diesem Zusammenhang spielt. Letztlich gilt es im Folgenden zu prüfen, inwiefern einzelne Dimensionen der Internetnutzungskompetenz in Interaktion mit einem riskanten Entscheidungsverhalten die Entscheidung begünstigen können, sich aktiv und/oder passiv an Cybermobbing zu beteiligen oder aber diesem zum Opfer zu fallen. Dabei wird angenommen, dass das Risikoverhalten den Einfluss der Internetnutzungskompetenz auf die Beteiligung an Cybermobbing moderiert (siehe Abbildung 31).

ABBILDUNG 31:
Theoretisches Modell zum Einfluss von Internetnutzungskompetenz und Entscheidungen unter Risikobedingungen auf Cybermobbing

Zur statistischen Prüfung des Interaktionseffekts werden auch hier moderierte binär-logistische Regressionsanalysen angewendet. Es stellt sich heraus, dass die INK-Dimension *Produktion und Interaktion* sowie die Tendenz zu *riskantem Entscheidungsverhalten* keinen bedeutsamen direkten Einfluss auf die Wahrscheinlichkeit, eine andere Person aktiv online zu mobben, haben (siehe Abbildung 32 und Tabelle 15). Den größten Varianzanteil erklärt die Interaktion beider Variablen. Insgesamt erklären beide Variablen und deren Interaktionsterm 12.6 Prozent der Varianz der aktiven Täterschaft.

ABBILDUNG 32:
Moderierte binär-logistische Regression mit der abhängigen Variablen aktive Täterschaft

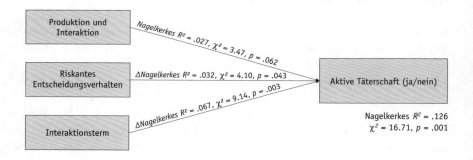

TABELLE 15:
Regressionskoeffizienten der moderierten binär-logistischen Regression mit der abhängigen Variablen aktive Täterschaft

	B	Exp(B)	SE	p
Produktion und Interaktion	0.30	1.34	0.20	.135
Riskantes Entscheidungsverhalten	0.12	1.12	0.08	.145
Interaktionsterm	0.31	1.36	0.17	**.008**

Anmerkung: Statistisch signifikante Zusammenhänge werden fett gedruckt dargestellt.

Die Simple Slopes der moderierten binär-logistischen Regressionsanalyse verdeutlichen den Interaktionseffekt beider Variablen. Dabei ist erkennbar, dass diejenigen Personen, die zu riskanten Entscheidungen tendieren, einen kreativen Zugang zum

Internet haben und sich ihrer Möglichkeiten der Onlineinteraktion bewusst sind, häufiger darüber berichten, bereits einmal eine andere Person online schikaniert zu haben. Unabhängig von den Fertigkeiten hinsichtlich *Produktion und Interaktion* ist es bei Personen, die generell ein niedriger ausgeprägtes Risikoverhalten aufweisen unwahrscheinlicher, dass sie sich aktiv an Cybermobbing beteiligen (siehe Abbildung 33).

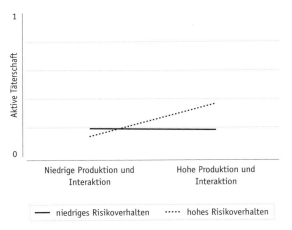

ABBILDUNG 33:
Simple Slopes der moderierten binär-logistischen Regressionsanalyse mit der abhängigen Variablen aktive Täterschaft

Dasselbe moderierte Regressionsmodell zur Aufklärung einer passiven Täterschaft ist ebenfalls statistisch signifikant. Auch hier trägt die Interaktion aus der INK-Dimension *Produktion und Interaktion* und dem *GDT-Score* entscheidend zur Varianzaufklärung bei ($\chi^2 = 5.66$, $p = .017$). Diese fällt jedoch mit insgesamt 5.4 Prozent geringer aus als für die aktive Täterschaft ($\chi^2 = 7.77$, $p = .05$).

Eine weitere moderierte Regression zur Aufklärung der Opferrolle ist mit einer Varianzaufklärung von 10.8 Prozent ebenfalls signifikant ($\chi^2 = 7.77$, $p = .05$). Die Interaktion der INK-Dimension *Produktion und Interaktion* und dem *GDT-Score* ist auch hier signifikant ($\chi^2 = 5.66$, $p = .017$). Weitere Kennwerte sind Abbildung 34 und Tabelle 16 zu entnehmen.

ABBILDUNG 34:
Moderierte binär-logistische Regression mit der abhängigen Variablen Viktimisierung

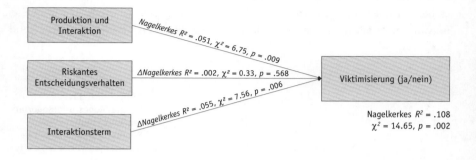

TABELLE 16:
Regressionskoeffizienten der moderierten binär-logistischen Regression mit der abhängigen Variablen Viktimisierung

	B	Exp(B)	SE	p
Produktion und Interaktion	0.30	1.34	0.20	.135
Riskantes Entscheidungsverhalten	0.12	1.12	0.08	.145
Interaktionsterm	0.31	1.36	0.17	**.008**

Anmerkung: Statistisch signifikante Zusammenhänge werden fett gedruckt dargestellt.

Die Analyse der Simple Slopes unterstreicht, dass Personen, die zu riskanten Entscheidungen tendieren und gleichzeitig hohe Werte in der Dimensionen *Produktion und Interaktion* aufweisen, am meisten gefährdet sind, Cybermobbing zum Opfer zu fallen. Das Risiko senkt sich dabei deutlich, je niedriger die Werte im INK-Fragebogen ausfallen. Bei generell weniger riskanten Entscheidungen trägt die Ausprägung eines produktiven und interaktiven Zugangs nicht mehr entscheidend zur Wahrscheinlichkeit des Auftretens von Cybermobbing bei. Es scheint somit möglich, dass Personen, die zu generell riskantem Verhalten tendieren, dieses ebenfalls online durchführen. Bei einer hinzukommenden gesteigerten Produktion von Online-Inhalten oder einer häufigen Nutzung von Kommunikationsanwendungen geben sie möglicherweise eher persönliche Dinge preis, was sie wiederum angreifbarer für Cybermobbing-Attacken macht (siehe Abbildung 35).

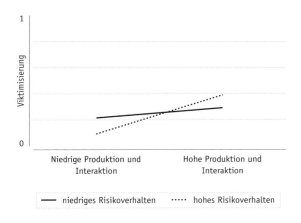

ABBILDUNG 35:
Simple Slopes der moderierten binär-logistischen Regressionsanalyse mit der abhängigen Variablen Viktimisierung

⟳ Personen, die zu riskantem Verhalten neigen und sich aktiv und produktiv im Internet beteiligen, sind eher Täter als auch Opfer von Cybermobbing.

7.4 ÜBERSCHNEIDUNGEN BEIDER PHÄNOMENE

Nach der getrennten Betrachtung der beiden Phänomene Cybermobbing und Internetsucht ist es nun von Interesse, mögliche Überschneidungen zwischen diesen dysfunktionalen Verhaltensweisen festzuhalten. Dies basiert auf der Annahme, dass Personen, die generell schon eine dysfunktionale Verhaltensweise im Internet zeigen, auch eher gefährdet sein könnten, weitere dysfunktionale Mechanismen zu entwickeln. Erklärungsansätze könnten dabei unter anderem die Investition von Zeit im Internet oder auch fehlende Regulationsfähigkeiten sein, die dabei helfen, das Internet funktional anzuwenden. Des Weiteren zeigen die vorherigen Analysen, dass bestimmte Faktoren sowohl die Gefahr des Entstehens einer Internetsucht als auch von Cybermobbing vorhersagen. Trotz vereinzelter Unterschiede wird deutlich, dass kognitionspsychologische Fähigkeiten wie das Entscheidungsverhalten oder auch Exekutivfunktionen und Personenmerkmale mit der selbst wahrgenommenen Internetnutzungskompetenz interagieren. Zentral sind dabei immer die funktionale Fähigkeit der *Selbstregulation,* bei Cybermobbing zusätzlich noch die *Reflexion und kritische Analyse,* aber auch Fähigkeiten wie *Produktion und Interaktion* sowie *Technische Expertise,* die eine dysfunktionale Verhaltensweise verstärken. Die einzelnen Facetten und vor allem die Interaktion zwischen diesen weisen sowohl bei Personen mit einer Suchtproblematik als auch Menschen, die Erfahrung mit Cybermobbing gemacht haben, ähnliche Ergebnisse auf. Dies führt zu der Annahme, dass neben einzelnen unterschiedlichen Prozessen eventuell auch grundsätzliche Gemeinsamkeiten vorliegen.

Aus diesem Grund wurde im ersten Schritt verglichen, ob Personen mit Cybermobbinghintergrund ein höheres Risiko einer Internetsucht beziehungsweise pathologischen SNS-Nutzung im Vergleich zu Personen ohne Cybermobbingerfahrung haben. Dabei wurden (aktive und passive) Täter und Nicht-Täter sowie Opfer und Nicht-Opfer jeweils einzeln miteinander verglichen. Auf deskriptiver Ebene wird deutlich, dass die Täter im Vergleich zu den Nicht-Tätern höhere Werte beim s-IAT als auch der modifizierten Version, dem s-IAT-SNS, aufwiesen. Dieser Unterschied erweist sich mittels t-Test für unabhängige Stichproben als signifikant (s-IAT: $t = 5.04$, $p < .001$, $d = 0.38$; s-IAT-SNS: $t = 2.54$, $p = .012$, $d = 0.27$). Das gleiche Muster ergibt auch der Vergleich von Opfern und Nicht-Opfern (siehe Abbildung 36).

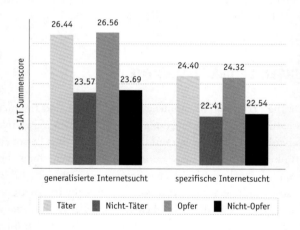

ABBILDUNG 36:
Gegenüberstellung der deskriptiven Werte zur Tendenz einer Internetsucht und einer pathologischen SNS-Nutzung differenziert für Täter und Nicht-Täter (aktiv und passiv) sowie Opfer und Nicht-Opfer von Cybermobbing

So weisen Personen, die schon mindestens einmal Opfer von Schikane und Beschimpfungen im Internet waren, einen signifikant höheren Wert bei der Tendenz zur Entwicklung und Aufrechterhaltung einer Internetsucht ($t = 4.79$, $p < .001$, $d = 0.38$) und einer spezifischen Internetsucht im Bereich Social Netzworking Sites ($t = 2.16$, $p = .032$, $d = 0.27$) auf als Personen, die bisher keine derartigen Erfahrungen gemacht haben. Gestützt werden diese Resultate durch eine Betrachtung der Zusammenhänge zwischen den Variablen zur Ermittlung einer exzessiven Internetnutzung und SNS-

Nutzung und der Häufigkeit, Erfahrungen als aktiver und passiver Täter oder Opfer gemacht zu haben. Alle Korrelationen nach Pearson zeigen signifikante Zusammenhänge, bei dennoch kleiner Effektstärke (alle $r \geq .140$, alle $p < .01$).

Es lässt sich auf Basis dieser Ergebnisse schlussfolgern, dass es Gemeinsamkeiten und Überschneidungen dysfunktionaler Verhaltensweisen im Internet gibt. Personen mit Cybermobbing-Erfahrungen scheinen eher Gefahr zu laufen, eine exzessive Internetnutzung zu entwickeln und umgekehrt. Es gilt nun in weiterer Forschung die verschiedenen Einflussfaktoren genauer zu spezifizieren und zu differenzieren, um zu identifizieren, welche gemeinsamen Mechanismen, aber auch Unterschiede eine dieser Verhaltensweisen oder auch beide begünstigen. Des Weiteren ist nun relevant zu ermitteln, ob die Bereiche sich gegenseitig bedingen oder ob eine dysfunktionale Verhaltensweise eher der Prädiktor der anderen ist sowie das Risiko einer Ausbildung dieser erhöht.

Festzuhalten ist allerdings auch, dass es scheinbar eine bestimmte Risikogruppe junger Erwachsener gibt, die aufgrund der bisherigen Forschung mit Hilfe einzelner Merkmale ermittelt werden konnte. Speziell dieser Risikogruppe sollten Fähigkeiten und Mechanismen an die Hand gegeben werden, um einen dysfunktionalen Umgang aufzufangen. Zusätzlich sollte jedoch auch dargelegt werden, welche Fähigkeiten vorhanden sein oder gestärkt werden sollten, damit sie möglicherweise präventiv wirken und eine übertriebene Erwartungshaltung, eine Flucht vor der Realität oder das Bedürfnis nach Schikane anderer auffangen können.

> ⊃ Die Ergebnisse deuten darauf hin, dass verschiedene dysfunktionale Verhaltensweisen, hier Cybermobbing und Internetsucht, im Internet miteinander einhergehen können.

8 DISKUSSION UND FAZIT

8.1 ZUSAMMENFASSUNG DER ERGEBNISSE

Das Ziel der vorliegenden Arbeit war die Ermittlung von individuellen Merkmalen und Wirkmechanismen, die das Risiko einer dysfunktionalen Nutzung des Internets bei Jugendlichen und jungen Erwachsenen erhöhen, aber auch vorbeugend dagegen wirken können. Dabei wurden sowohl die unkontrollierte Nutzung des Internets (im Allgemeinen sowie konkretisiert für die SNS-Nutzung) als auch das Phänomen des Cybermobbings als prominente Beispiele einer dysfunktionalen Nutzung adressiert. Neben dem Aufzeigen einzelner Prädiktoren, die eine dysfunktionale Verhaltensweise vorhersagen können, wurden außerdem Interaktionseffekte zwischen Personenmerkmalen, kognitiven Prozessen und verschiedenen Internetnutzungskompetenzen berücksichtigt.

Im ersten Schritt der Auswertung wurden die Internetnutzungskompetenz und deren einzelne Dimensionen näher betrachtet. Dabei wurde zunächst ein Geschlechtereffekt deutlich, bei dem sich männliche Teilnehmer insgesamt kompetenter einschätzen als weibliche Teilnehmerinnen. Ausgeprägtere technische Kompetenzen werden schon mit Eintritt ins Schulalter vermehrt Jungen zugeschrieben, die diese Wahrnehmung adaptieren und sich so gegebenenfalls auch als kompetenter einschätzen. Erst nach und nach übernehmen in der digitalen Welt auch Mädchen eine Vorreiterrolle (Schumacher & Morahan-Martin, 2001). Der nicht beobachtete Alterseffekt lässt sich vor allem auf die junge Stichprobe zurückführen, bei der die Nutzung von Smartphone und Internet insgesamt in den Alltag integriert ist und somit auch keine bedeutsamen Unterschiede hinsichtlich der Internetnutzungskompetenz zwischen den jüngeren und älteren Probanden vorkommen sollten, da es sich ausschließlich um sogenannte Digital Natives handelt. Gleichzeitig scheinen aber auch bestimmte Personenmerkmale mit einzelnen Dimensionen der Internetnutzungskompetenz verknüpft zu sein. Besonders deutlich wird, dass der Grad an *Gewissenhaftigkeit,* der Merkmale wie Organisation, Disziplin, Sorgfalt und Verlässlichkeit umfasst, einen reflektierten Umgang mit dem Internet begünstigt. Dieser bewusste Umgang ist reduziert, wenn ein besonders starkes Involvement vorliegt. Dies kann unter anderem das Veröffentlichen von privaten Informationen ohne vorherige Reflexion möglicher Konsequenzen umfassen. Es konnten ebenfalls Zusammenhänge zwischen psychopathologischen Symptomen wie *Depressivität* und *sozialer Ängstlichkeit* sowie einzelnen Dimensionen der Internetnutzungskompetenz beobachtet werden. Diese deuten an, dass Personen mit zum Beispiel einem geringen Selbstwert den aktiven Zugang zum Internet suchen, um auch mittels der Veröffentlichung von Inhalten und dem eventuell daraus resultierenden Feedback das eigene Selbstbild aufzuwerten und sich besser zu fühlen. Die zusätzlich eher unreflektierte Verwendung bestimmter Angebote kann das Risiko einer problematischen Nutzung des Internets jedoch auch erhöhen. Wenn beispielsweise viel von sich selbst online preisgegeben wird, was auch das Risiko erhöhen kann, Opfer von Cybermobbing zu werden, oder das Internet als Zufluchtsort genutzt wird, kann dies letztendlich auch zu einer vermehrt exzessiven Nutzung führen.

Im Anschluss wurden die Prävalenzraten beider Phänomene in der untersuchten Stichprobe betrachtet. Hierbei wird deutlich, dass sowohl die unkontrollierte/süchtige Nutzung des Internets im Allgemeinen als auch von SNS im Speziellen eine ernstzunehmende Problematik unter Jugendlichen und jungen Erwachsenen darstellt. Dies wird insbesondere auch durch die berichteten negativen Konsequenzen im Alltag und dem individuell eingeschätzten Leidensdruck der Personen mit problematischer und pathologischer Internetnutzung deutlich. Bei der gesonderten Betrachtung der Schülerstichprobe ist außerdem erkennbar, dass vor allem jüngere Personen Schwierigkeiten im Umgang mit dem Internet und von SNS haben. Gleiches spiegelt sich auch bei der Betrachtung der Erfahrungen mit Cybermobbing unter Jugendlichen und jungen Erwachsenen wider. Generell wird deutlich, dass ein hoher Prozentsatz bereits Erfahrungen als Täter, Opfer oder auch Opfer-Täter gemacht hat und mit diffamierenden Inhalten in Kontakt gekommen ist. Während auch hier die Prävalenzraten in der Schülerstichprobe deskriptiv höher sind, wird außerdem veranschaulicht, dass das Problem auch nach Beendigung der Schulzeit weiter existiert. Das Vorhandensein und die Schwere der Problematik werden durch die beobachteten Prävalenzraten von passiven Cybermobbing-Tätern nochmals betont. Es ist zu erkennen, dass neben einer bewussten Aktivität, eine andere Person zu schikanieren und der klaren Intention, zum Beispiel ein peinliches Video online zu stellen, auch die passive Weiterverbreitung diffamierenden Materials allgegenwärtig ist, was die klare Eingrenzung einer Cybermobbing-Handlung erschwert. Hier sollten Präventionsmaßnamen ansetzen, die verdeutlichen müssen, welche weitreichenden Auswirkungen auch ein solches passives und indirektes Verhalten für das Opfer haben kann. Zusätzlich lassen sich Überschneidungen zwischen verschiedenen dysfunktionalen Verhaltensweisen beobachten, wie geteilte Rollen beim Cybermobbing, aber auch Gemeinsamkeiten zwischen Cybermobbing und einer Internetsucht. Erste Hinweise deuten darauf hin, dass ein erhöhtes Risiko zu dysfunktionalem Verhalten im Internet letztlich nicht nur in einer Problematik mündet. Kausalitäten und Wirkungszusammenhänge müssen jedoch in Zukunft spezifiziert werden.

Um die Rolle einzelner Merkmale oder Fähigkeiten einer Person auf das Risiko eines dysfunktionalen Onlineverhaltens aufzuzeigen, wurden verschiedene Analyseverfahren angewandt. Dabei wird deutlich, dass konsistent mit früheren Arbeiten besonders Personen mit psychopathologischer Symptombelastung zu einer pathologischen Internetnutzung neigen (Brand, Laier et al., 2014; Whang et al., 2003; Yang et al., 2005). Es gilt außerdem festzuhalten, dass introvertierte, schüchterne Personen oder Menschen, die sich weniger gut in ihr soziales Umfeld eingebettet und unterstützt fühlen, sich eher dem Internet und besonders SNS zuwenden, um dort die Befriedigung individueller Bedürfnisse, wie den Kontakt nach sozialem Austausch oder den Umgang mit negativen Emotionen zu erfahren (Baker & Oswald, 2010; Chak & Leung, 2004; Orr et al., 2009; Ryan & Xenos, 2011). Ein direkter Effekt kognitionspsychologsicher Mechanismen wie Exekutivfunktionen oder das Treffen risikobehafteter Entscheidungen auf die Tendenz einer Internetsucht konnte nicht ermittelt werden. Vielmehr konnten Interaktionseffekte zwischen verschiedenen individuellen Merkmalen und Fähigkeiten festgehalten werden.

Die einzelnen Dimensionen der Internetnutzungskompetenz stellen relevante Prädiktoren einer Internetsucht dar. Während selbstregulatorische Fähigkeiten das Risiko einer unkontrollierten, exzessiven Nutzung reduzieren, scheint ein hohes Involvement, ausgedrückt in einer aktiven, engagierten und kreativen Beteiligung online, das Risiko zu verstärken. Diese Faktoren moderieren außerdem den Effekt kognitionspsychologischer Merkmale. Die Moderationen verdeutlichen unter anderem, dass bestimmte Personenmerkmale wie depressive Symptome oder auch ein eingeschränktes Entscheidungsverhalten mit Hilfe guter selbstregulatorischer Kompetenzen die Gefahr einer Internetsucht auffangen können. Eine aktive Produktion von und Interaktion mit Inhalten scheinen demgegenüber das Risiko eines Suchtverhaltens zu verstärken. Diese Interaktion zwischen verschiedenen Faktoren ist konsistent mit den theoretischen Annahmen von Brand, Young und Laier (2014), die verdeutlichen, dass das Zusammenspiel individueller Merkmale wie Zielen, Bedürfnissen und Erwartungen der eigenen Internetnutzung, aber auch spezifische Personencharakteristika und bestimmte Kognitionen, das Risiko einer pathologischen Internet- beziehungsweise SNS-Nutzung bedingen können.

Ein ähnliches Bild hinsichtlich der Wechselwirkung verschiedener individueller Merkmale zeigte sich auch bei der Analyse der individuellen Wirkungsmechanismen im Bereich des Cybermobbings. Auch hier wurde untersucht, welche Merkmale und Fähigkeiten eine Beteiligung an Cybermobbing-Akten sowohl in der (aktiven und passiven) Täter- als auch Opferrolle vorhersagen. Dabei wird deutlich, dass sich besonders Täter und Nicht-Täter, aber auch Opfer hinsichtlich ihrer allgemeinen *Gewissenhaftigkeit* und *Offenheit* gegenüber neuen Situationen voneinander unterscheiden. Menschen, die sehr genau, zielstrebig und strukturiert sind, sich außerdem interessiert unbekannten Situationen stellen, berichten von weniger Erfahrungen mit Cybermobbing im Vergleich zu weniger offenen oder gewissenhaften Personen. Zusätzlich wird auch deutlich, dass Opfer eher von psychopathologischen Symptomen wie *Ängstlichkeit, Depressivität* und *Unsicherheit im sozialen Austausch* berichten als Nicht-Opfer. Ein Einfluss sozialer Faktoren oder der Fähigkeit zur Emotionsregulation konnte nicht festgestellt werden. Dies führt unter anderem zu der Schlussfolgerung, dass Cybermobbing mit zum Teil anderen individuellen Merkmalen assoziiert ist als dies beim traditionellen Mobbing der Fall ist und andere Wirkmechanismen eine Rolle spielen. Weiterführend ist auch hier von besonders großem Interesse, dass die selbst wahrgenommene Kompetenz im Umgang mit dem Internet die Erfahrungen mit Cybermobbing-Akten ebenfalls maßgeblich beeinflussen kann.

Im Gegensatz zu vorherigen Arbeiten scheint die reine technische Expertise nicht der zentrale Faktor zu sein, der eine Person dazu befähigt, Cybermobbing zu betreiben. Sind die Personen vielmehr aktiv im Internet unterwegs und beteiligen sich an Diskussionen oder veröffentlichen viele Inhalte, ist die Wahrscheinlichkeit, mit Cybermobbing in Kontakt zu kommen, deutlich höher. Auch die eigenen Fähigkeiten, welche die Internetnutzung erleichtern können, führen zu einer größeren Angriffsfläche bei den beteiligten Personen. Demgegenüber stehen Fähigkeiten, die einen eher reflektierten, kritisch analysierenden und selbstregulatorischen Umgang mit dem Internet fördern. Eine höhere Ausprägung dieser Kompetenzen lässt sich vor allem bei den Personen beobachten, die bisher keine Erfahrung mit Cybermobbing gemacht haben, weder als Täter noch als Opfer. Diese Fähigkeiten könnten somit Schutzmechanismen darstellen. Ähnlich wie zu den Ergebnissen im Bereich der Internetsucht interagieren hier die Dimensionen der Internetnutzungskompetenz ebenfalls mit kognitionspsychologischen Variablen wie der Fähigkeit, vorteilhafte Entscheidungen zu treffen. Auch hier können produktive und interaktive Kompetenzen die Gefahr des Täterseins aufgrund generell dysfunktionalen Entscheidungsverhaltens verstärken.

Abschließend gilt es besonders hervorzuheben, dass sowohl bei der Tendenz zu einer Internetsucht als auch der Beteiligung an Onlineschikane neben individuellen Merkmalen vor allem erlernte Fähigkeiten, die den Umgang mit dem Internet erleichtern eine zentrale Rolle spielen. Dabei geht es jedoch nicht nur darum, ausschließlich Wissen hinsichtlich technischer Fertigkeiten oder auch der Auseinandersetzung und aktiven Beteiligung mit Inhalten zu vermitteln, sondern sogenannte „weiche" Kompetenzen wie eine kritische Betrachtung oder ein selbstregulatorisches Verhalten sind enorm wichtige Komponenten.

8.2 THEORETISCHE IMPLIKATIONEN

Das Ziel dieser Studie bestand nicht darin, das Internet zu verteufeln. Sie sollte außerdem kein Instrument darstellen, um aufzuzeigen, welche Merkmale eines Menschen genügen, um Cybermobbing-Täter und -Opfer oder gar Internetsüchtige zu identifizieren oder klassifizieren. Es ging vielmehr darum, Profile, Zusammenhänge und Interaktionen zwischen einer Vielzahl verschiedener individueller Charakteristika und Fähigkeiten zu beschreiben, um junge Menschen, die das Internet vollständig in den Alltag integriert haben, für mögliche Gefahren und Risiken zu sensibilisieren und um zu verdeutlichen, welches Fähigkeitenbündel für einen kontrollierten, reflektierten Umgang mitgebracht oder verstärkt werden sollte. Die häufig bekundete Ansicht, dass beispielsweise mit steigender Zeit im Internet Jugendliche und junge Erwachsene eher Onlinerisiken ausgesetzt seien, ließ sich auch in dieser Arbeit stützen, sowohl beim Phänomen des Cybermobbings als auch im Bereich der Internetsucht. Es wurde aber auch deutlich, dass die reine Onlinezeit nicht der alleinige Prädiktor einer dysfunktionalen Internetnutzung ist, sondern vielmehr spezifische Kompetenzen dafür entscheidend sind, wie eine Person das Internet für sich selbst vorteilhaft oder weniger vorteilhaft nutzen kann. Das Internet vollständig zu verbieten sollte in keinem Fall als sinnvolle Vorbeugung oder als Lösung für eine problematische Internetnutzung betrachtet werden. Die dadurch entstehende soziale Isolation könnte vielmehr dazu führen, dass das Mobbing verstärkt wird, da das Opfer das Mobbing schlechter überwachen kann. Zusätzlich scheinen Personen, die ihren Konsum nicht kontrollieren können oder nur über mangelnde Fähigkeiten im Umgang mit Konflikten, Problemen oder negativen Emotionen verfügen, eine noch höhere Erwartung an das Internet als hilfreiches Werkzeug zur Befriedigung einzelner Bedürfnisse zu entwickeln.

Das Ziel dieser Studie war es, den präventiven Wert des Fähigkeitenbündels, das im Rahmen der Medienerziehung häufig unter dem Begriff der Medienkompetenz subsummiert wird, zu prüfen. Da diese Studie sich ausschließlich auf Onlinemedien konzentrierte und bestimmte Konzepte zu einem aggregiert wurden, wurde die Rolle der einzelnen Dimensionen der Internetnutzungskompetenz beim Zusammenspiel verschiedener Eigenschaften kontrolliert. Dabei stellte sich die verstärkte Vermittlung von Internetnutzungskompetenz, insbesondere von reflektierenden und regulativen Fähigkeiten als ein Mittel heraus, um verschiedenen dysfunktionalen Onlineverhaltensweisen frühzeitig vorzubeugen. Grundsätzlich gibt es nun auch empirische Evidenzen dafür, dass das hier vorgestellte theoretische Konzept der Internetnutzungskompetenz, differenziert in vier Dimensionen, welche an frühere theoretische Arbeiten angelehnt sind, tragfähig ist. Es konnten die direkten Zusammenhänge zwischen verschiedenen

Fähigkeiten, Personenmerkmalen, psychopathologischen Auffälligkeiten sowie dem dysfunktionalen Onlineverhalten gezeigt werden. Dabei ist davon auszugehen, dass nicht automatisch alle Dimensionen eine gleichwertige Rolle spielen oder maßgeblich präventiv wirken. Die tiefergehende Betrachtung der Phänomene Internetsucht und Cybermobbing zeigte, dass besonders einzelne Dimensionen wie beispielsweise die *Produktion und Interaktion* aber auch *Selbstregulation* entscheidend für die Beziehung zwischen den Problematiken und persönlichen Charakteristika sind. Doch auch die Konstrukte der *Reflexion und kritischen Analyse* sowie der *Technischen Expertise* sollten in ihrer Relevanz nicht minimiert werden. Vielmehr gilt es, die ausschließliche Vermittlung technischen Wissens und reiner Sachkompetenz zu überdenken. Dies betrifft nicht nur die Vermittlung von Kenntnissen, wie das Internet oder dessen einzelne Komponenten funktionieren, sondern auch die Auseinandersetzung mit Inhalten und der aktiven Teilnahme zum Beispiel in SNS. Selbstverständlich ist es relevant und von grundlegendem Wert zu wissen, wie bestimmte Anwendungen genutzt werden können. Generell scheinen Jugendliche und junge Erwachsene jedoch schon sehr vertraut mit diversen Internetanwendungen zu sein, die sie in ihren Alltag integrieren. Vielmehr sollte stets mitberücksichtigt werden, welche Konsequenzen die Veröffentlichung eines Fotos, die Preisgabe von privaten Informationen und das Verbreiten von Bildern und Kommentaren anderer für einen selbst, aber auch für andere haben können. Hier spielt besonders die Analyse sowie die Reflexion eine zentrale Rolle. Gleichzeitig gilt es aber auch, stets den eigenen Konsum und die verbrachte Zeit im Internet zu überdenken. Junge Nutzerinnen und Nutzer sollten befähigt, aber auch dazu angehalten werden, andere Wege als den ins Netz einschlagen zu können, um Konflikte zu lösen oder die Interaktion mit anderen zu suchen. Die ausschließliche Zuwendung zu Internetangeboten kann das Risiko einer sozialen Isolation sowie der Vernachlässigung schulischer, familiärer oder freundschaftlicher Pflichten und Beziehungen erhöhen und alternative Problemlösestrategien verlieren an Wert. Die *Selbstregulation* beschreibt die Fähigkeit, das eigene Verhalten zu kontrollieren und das Internet zwar zur Erreichung von Zielen und Bedürfnissen zu nutzen, sich anderer Konzepte aber bewusst zu sein. Dieser Ansatz basiert auf dem theoretischen Modell von Brand, Young und Laier (2014), demzufolge eine unkontrollierte Nutzung sowohl durch das Erleben von Gratifikationen im Internet als Werkzeug zum Erreichen positiver Emotionen, Ziele und Bedürfnisse, als auch als dysfunktionaler Weg, Konflikte zu bewältigen, begünstigt wird. Die wahrgenommene Befriedigung kann neben einer Verstärkung individueller Prädispositionen und möglicher Symptombelastungen auch zu einer Verstärkung des Bedürfnisses, sich dem Internet zuzuwenden, führen, was in einer problematischen Nutzung resultieren kann. Das theoretische Modell zur Entwicklung und Aufrechterhaltung von generalisierter und spezifischer Internetsucht (am Beispiel von SNS) kann die Internetnutzungs-kompetenzen integrieren und untermauert die Annahmen, bestimmte Kompetenzen bei einer dysfunktionalen Verhaltensweise präventiv zu vermitteln und diese Vermittlung maßgeblich zu fördern.

Diese Studie diente auch zur Identifikation weiterer Mechanismen einer dysfunktionalen Nutzung des Internets beziehungsweise von SNS, spezifiziert durch Personenmerkmale und kognitive Fähigkeiten. Dadurch wurde es möglich, bestimmte Profile zu erstellen, die sowohl kennzeichnend für Cybermobbing-Rollen als auch für Personen mit einer pathologischen Internetnutzung oder SNS-Nutzung sind. Dies bedeutet nicht, dass anhand des Vorhandenseins einzelner Merkmale die Schlussfolgerung zu einer exzessiven oder schikanierenden Nutzung gestattet ist. Anhand einzelner, isoliert betrachteter Charakteristika können keine konkreten Verhaltensweisen oder Ursache-Wirkungs-Zusammenhänge vorhergesagt werden, dafür ist die Reaktion eines Einzelnen viel zu komplex und von weiteren Faktoren beeinflusst. Aber diese Arbeit ermöglicht es dennoch, Faktoren zu identifizieren, um der Beantwortung der Fragestellung näher zu kommen, warum es manchen Personen schwerer fällt, ihren Internetkonsum zu regulieren, sich von Facebook abzuwenden, ihren alltäglichen Aufgaben und Beziehungen nachzugehen oder warum sie andere im Internet schikanieren oder Opfer von Schikane werden. Dies führt außerdem zu der Erkenntnis, dass es viele Gemeinsamkeiten zwischen den Gefahren im Internet gibt, aber sie nicht automatisch vereinheitlicht werden können. Eine pathologische Nutzung des Internets unterscheidet sich von einer exzessiven Nutzung von SNS wie Facebook maßgeblich in sozialen Aspekten und dem Bedürfnis nach sozialem Kontakt. Opfer und Täter besitzen ebenfalls unterschiedliche Personeneigenschaften, auch wenn die Ergebnisse darauf hindeuteten, dass ähnliche Schwierigkeiten im Umgang mit Konflikten oder negativen Emotionen vorliegen. Aktive Täter zeichneten sich hingegen durch andere Persönlichkeitsmerkmale aus als passive Täter, die eine Cybermobbing-Handlung durch liken oder teilen fortsetzen.

8.3 AUSBLICK, MÖGLICHE PRÄVENTION UND HANDLUNGSMÖGLICHKEITEN

Was bedeuten diese Ergebnisse nun für die Medienerziehung von Jugendlichen und jungen Erwachsenen? Wie kann Cybermobbing und Internetsucht vorgebeugt werden?

Es beginnt damit, das Internet als Werkzeug anzunehmen, das vieles im Alltag vereinfacht und viele wunderbare Möglichkeiten bietet. Es ist bereichernd, mit entfernten Verwandten Kontakt zu halten, unter Zeitdruck schnell online einzukaufen, den Fahrplan zu prüfen oder sich über verschiedenste Themen zu informieren. Die ständige Verfügbarkeit des Internets und die massive Verbreitung von Smartphones führen aber auch dazu, dass sich unser Kommunikationsverhalten maßgeblich verändert. Es ist nicht automatisch verwerflich, wenn Kinder statt mit einem direkten Telefonat Verabredungen oder Informationen lieber (teilweise) asynchron über verschiedene Dienste und Anwendungen austauschen. Wichtig dabei ist vielmehr die Akzeptanz, dass sich die Art der Kommunikation möglicherweise einfach nur verändert hat. Und es ist ebenfalls eine Tatsache, dass dies besonders bei jüngeren Menschen eher zu beobachten ist als bei älteren. Neue Techniken und Entwicklungen werden von jüngeren Generationen viel schneller in den Alltag integriert und Funktionen und Anwendungen blitzartig erlernt. Eltern und Pädagogen sollten nicht davor zurückscheuen, sich mit diesen Entwicklungen vertraut zu machen. Es ist wichtig zu wissen, was Jugendliche und junge Erwachsene im Internet tun. Dies beginnt bei Kindern unter anderem damit, dass gemeinsam das Internet erkundet wird und man weiß, was da eigentlich passiert und mit welchen Informationen sich das Kind beschäftigt. Des Weiteren gibt es verschiedene Präventionsprogramme oder auch Projekte in Schulen zum Thema Medienerziehung und Medienkompetenz. Diese erreichen häufig eine Vielzahl verschiedener Menschen und auch wenn sie alleine oft nicht ausreichen, bieten sie eine erste Möglichkeit, Inhalte aus und Umgangsweisen mit dem Internet zu vermitteln. Dabei bleibt es selbstverständlich wichtig, dass technische Handhabungen und Informationen über eine aktive Mitgestaltung vermittelt werden. Doch sollten in Zukunft besonders kommunikative und soziale Kompetenzen in den Mittelpunkt gestellt werden. Dazu gehört neben der Fähigkeit, sich angemessen mit anderen Personen auszutauschen auch die kritische Betrachtung eigener und fremder Inhalte. Jugendlichen und jungen Erwachsenen sollte klar vermittelt werden, dass manche Inhalte verletzen oder auch mit einer negativen Intention veröffentlicht wurden. Dazu gehört aber auch, die Fähigkeit an die Hand zu geben, das eigene Verhalten regulieren zu können. Dies bedeutet für zukünftige Präventionsprogramme somit auch Folgendes: Es geht nicht nur darum, was im Internet selbst passiert, sondern es geht auch um die Fragestellung, welches Erlebnis im Internet erwartet wird, wann man sich SNS besonders zuwendet und was das Internet für einen selbst erfüllen soll. Diese Überlegungen beschäftigen sich also auch mit sozialen Fragen wie der, wie junge Menschen mit Konfliktlösestrategien oder auch sozialen Kompetenzen wie dem realen, freundlichen, kommunikativen Umgang mit anderen Personen ausgestattet werden können. Das bedeutet, dass das Internet zwar als Werkzeug zur Befriedigung einzelner Bedürfnisse verwendet werden kann, aber das Internet nicht die Befriedigung an sich sein sollte. Es ist ein Medium, welches nicht mit dem Anspruch verknüpft werden sollte,

Probleme zu lösen oder fehlende soziale Einbettung im Alltag aufzufangen. Dies gilt besonders für Personen, die Opfer von Cybermobbing werden. Die Empfehlung, sich aus einzelnen SNS zurückzuziehen oder gar ein Verbot des Internets kann die soziale Isolation oder den Leidensdruck durch die Schikane aufgrund fehlender Beobachtung und Kontrolle sogar noch verstärken. Ein Auffangen im realen Leben oder das Erfahren emotionaler Unterstützung ist im ersten Schritt zentral. Dann geht es darum, dieses positive Erleben auch online wahrzunehmen, welches beispielsweise solidarische, freundschaftliche Kommentare anderer im Netz sein können. Der soziale Zuspruch kann den empfundenen Leidensdruck einerseits verringern, andererseits wird die Spirale des Cybermobbings gegebenenfalls sogar unterbrochen – sowohl für den aktiven als auch passiven Cybermobbing-Akt. Zusammenfassend bedeutet dies auch die stetige Auseinandersetzung aller Nutzerinnern und Nutzer mit der Fragestellung: Welche Funktion hat das Internet für mich? Welche Funktion hat das Internet für denjenigen, der sich ihm ständig zuwendet? Welche Funktion hat das Internet für denjenigen, der seine Verärgerung, seine Frustration oder seine Überlegenheit gegenüber anderen Personen ausleben muss? Welche Erwartungen soll das Internet für den einzelnen erfüllen?

Diese Studie vermittelt also einen Eindruck davon, welche Faktoren Cybermobbing und eine Internetsucht begünstigen, aber auch welche Rolle die eigene Internetnutzungskompetenz dabei spielt. Dabei wurden viele Erkenntnisse vermittelt und vor allem Anhaltspunkte geschaffen, die es ermöglichen, jungen Menschen ein Fähigkeitsbündel für die eigene Internetnutzung an die Hand zu geben, aber auch stets das eigene Internetverhalten kritisch zu überprüfen. Trotz dieses Mehrwerts bleiben Fragen offen, die in Zukunft weiter untersucht werden müssen. Dies umfasst neben der Überprüfung der einzelnen Faktoren noch weitere Fragestellungen wie beispielsweise dem realen Nutzen von Präventionsprogrammen: Helfen diese wirklich und wie funktional ist die Vermittlung von Onlinekompetenzen bei Personen, die bisher keine dysfunktionalen Verhaltensweisen aufwiesen oder auch bei Personen, die bereits Erfahrungen mit einer exzessiven Nutzung oder auch Onlineschikane gemacht haben? Können die Programme noch verbessert werden und wie ist der Einfluss der tatsächlichen Kompetenz im Vergleich zur selbst wahrgenommenen? Diese Fragestellungen setzen an den bisherigen Ergebnissen zum Bereich der Kompetenzvermittlung an. Die vorliegende Arbeit zeigt jedoch auch Folgendes: Die hier genannten problematischen Phänomene sollten nicht isoliert betrachtet werden. Es gibt nun empirische Evidenzen dafür, dass sich die Bereiche überschneiden oder sich eventuell sogar gegenseitig bedingen können. Es scheinen Gemeinsamkeiten vorzuliegen, die in zukünftigen Arbeiten adressiert werden müssen. Denn trotz einzelner Unterschiede scheinen häufig ähnliche Wirkmechanismen beteiligt zu sein, die eine dysfunktionale Verhaltensweise fördern. Um hier eine Auffangmöglichkeit anbieten zu können, ist es vor allem relevant zu verstehen, wie eine Vermischung einzelner Aspekte überhaupt erst zustande kommen kann.

FAZIT

Es konnte erstmalig gezeigt werden, dass die einzelnen Facetten der Internetnutzungskompetenz relevante Merkmale für die Entstehung und Vermeidung einer dysfunktionalen Internetnutzung wie beispielsweise einer Internetsucht oder Cybermobbing sind. Dabei ist von besonderer Bedeutung, dass einzelne Prädispositionen, die mit einer dysfunktionalen Verhaltensweise assoziiert sind, durch einen kompetenten Umgang verstärkt und aufgefangen werden. So können Fähigkeiten der *Selbstregulation* oder auch *der Reflexion und kritischen Analyse* das Risiko einer dysfunktionalen Nutzung vermindern, während die kreative *Produktion* neuer Inhalte das Risiko erhöht. Entgegen bisheriger Annahmen erweist sich die Dimension der *Technischen Expertise* als weniger relevant, sodass davon auszugehen ist, dass eine grundlegende Anwendungskompetenz nicht zwangsläufig einen funktionalen Umgang mit dem Internet gewährleistet, wenn regulierende oder reflektierende Fähigkeiten fehlen.

HANDLUNGSEMPFEHLUNGEN

- Achten Sie auf Verhaltensauffälligkeiten, die mit einer veränderten, problembehafteten Internetnutzung zusammenhängen können.
- Informieren Sie sich regelmäßig darüber, was junge Nutzerinnen und Nutzer im Internet tun und zu welchem Zweck das Medium verwendet wird.
- Tauschen Sie sich regelmäßig über mögliche Risiken wie Cybermobbing und exzessive Internetnutzung aus und legen Sie gemeinsame Regeln fest.
- Fördern Sie Internetnutzungskompetenzen und vermitteln Sie dabei besonders reflektierende, soziale, kommunikative und regulierende Fähigkeiten.
- Akzeptieren Sie mögliche Veränderungen im Kommunikationsverhalten von jungen Internetnutzenden und lernen Sie selbst die neuen Kommunikationsstrukturen kennen.

9   ANHANG

9.1   MATERIALIEN UND LINKS ZUM THEMA INTERNETSUCHT UND CYBERMOBBING

Hier finden Sie Links zu verschiedenen Webseiten, die sich mit den Themen Internetsucht, Cybermobbing, aber auch der generellen Internetnutzung von Kindern und Jugendlichen auseinandersetzen. Dabei werden Materialen zur Verfügung gestellt, die die Problematiken veranschaulichen und auf teilweise spielerisch und kreativ visuell gestaltete Weise Risiken und Gefahren der Internetnutzung sowie mögliche Handlungsalternativen vermitteln.

klicksafe (www.klicksafe.de)

klicksafe ist eine EU-Initiative, die sich für mehr Sicherheit im Netz sowie die Vermittlung eines sicheren, kompetenten und kritischen Umgangs junger Menschen mit dem Internet und anderen neuen Medien fördert. Dabei werden Informationen zu Themen wie Cybermobbing, Internetabhängigkeit, Rechtsfragen im Netz, Kommunikationsmöglichkeiten über verschiedene Kanäle wie SNS, technische Schutzmaßnahmen, Computerspiele und Datenschutz zur Verfügung gestellt. Die Seite wendet sich an junge Menschen, Eltern und Pädagogen. Zu allen Themen werden weiterführende Materialien und Videoclips angeboten.

Handysektor (www.handysektor.de)

Das Portal Handysektor hat Informationen rund um das Thema Smartphone, Apps und Tablets im Angebot. Im Comicstil gestaltete Flyer, Erklärvideos oder Infografiken zu Cybermobbing, Datenschutz, Sexting, Kostenfallen oder Handy-Stress ergänzen die aktuellen Nachrichten zur mobilen Mediennutzung. In der „Pädagogenecke" gibt es Anregungen für Lehrkräfte, wie sie mit dem Thema „Handy in der Schule" umgehen können. Auch für den kreativen Einsatz im Unterricht gibt es dort Anregungen.

Internet-ABC (www.internet-abc.de)

Das Internet-ABC richtet sich an Kinder von fünf bis zwölf Jahren, die sich mit den ersten Schritten im Internet vertraut machen wollen. Das Portal bietet Informationen, Tipps und Tricks rund um das Internet und dem sicheren Surfen an. So werden Begriffe erklärt, Spiele bereitgestellt oder Schritt für Schritt Fähigkeiten im Umgang mit Onlineanwendungen vermittelt.
Weitere hilfreiche Tipps sind auch für Eltern und Pädagogen interessant und ein Forum ermöglicht einen konstruktiven Austausch.

EU Kids Online (www.eukidsonline.de)

Das Projekt EU Kids Online ist ein internationaler Verbund, der Daten zur Mediennutzung von Kindern verschiedener europäischer Länder bündelt und miteinander vergleicht. Er widmet sich der Frage, wie Kinder und Jugendliche das Internet nutzen, welchen Risiken sie dort begegnen, welche Chance ihnen das Internet bietet und wie sie diese Möglichkeit auch für sich nutzen.

Auf der deutschsprachigen Seite werden die Ergebnisse aus bislang vier Projektphasen zusammengefasst und stehen zum Download bereit.

Weiterführende Links und Angebote:

internetsucht.uni-due.de: Diese Webseite bietet einen ersten Überblick über die Thematik der Internetsucht, Persönlichkeitseigenschaften, den Umgang mit der Problematik sowie mögliche Präventionsmaßnahmen auf Basis wissenschaftlicher Arbeiten.

www.mediennutzungsvertrag.de: Onlineangebot von klicksafe und dem Internet-ABC, bei dem Kinder und Eltern gemeinsam einen Vertrag aushandeln können, der die Nutzung des Internets und des Smartphones beidseitig reguliert.

www.no-blame-approach.de: Dieses Interventionsprogramm bei Mobbing und Cybermobbing bietet Materialien für die Schule und die Jugendarbeit und arbeitet ohne die Zuweisung von Schuld.

www.youtube.de/361Grad: Dieser YouTube-Kanal bietet spannende, selbstgestaltete Videos von sowohl jugendlichen als auch erwachsenen Usern, die ein Zeichen setzen und sich stark machen wollen gegen Mobbing und Ausgrenzung.

9.2   ABKÜRZUNGSVERZEICHNIS

BFI-10	Big Five Inventory (Fragebogen)
BSI	Brief Symptom Inventory
CISS	Coping Inventory for Stressful Situations
DSM-5	Diagnostic and Statistical Manual of Mental Disorders 5
ERQ	Emotion Regulation Questionnaire (Fragebogen)
FSozU	Fragebogen zur sozialen Unterstützung (Fragebogen)
GDT	Game of Dice Task (Experimentelles Paradigma)
IAT	Internet Addiction Test (Fragebogen)
IGT	Iowa Gambling Task (Experimentelles Paradigma)
INK	Internetnutzungskompetenz
SGSE	Schüchternheitsskala (Fragebogen)
s-IAT	Short Internet Addiction Test (Fragebogen)
s-IAT-SNS	Short Internet Addiction Test modifiziert für Social Networking Sites (Fragebogen)
SNS	Social Networking Sites
UAG	Uses-and-Gratifications
VECA	Vertrautheit mit Computeranwendungen (Fragebogen)
WoW	World of Worldcraft

9.3 ÜBERSICHT STATISTISCHER KENNWERTE

B	B-Wert (unstandardisierter Regressionskoeffizient)
CFI	komparativer Anpassungsindex (Maß für den Modellfit bei Strukturgleichungsmodellen)
d	Effektstärke nach Cohen
$Exp(B)$	Effektkoeffizient in logistischer Regression
F	Wert der F-Statistik
M	Mittelwert
N	Stichprobengröße
n	Teilstichprobengröße
η^2	Eta-Quadrat (Effektstärke)
p	Wert der p-Statistik (Signifikanzwert)
r	Korrelationskoeffizient nach Pearson
R^2	Determinationskoeffizient (Anteil der Varianzaufklärung im aufgestellten Modell)
RMSEA	Approximationsdiskrepanzwurzel (Maß für den Modellfit bei Strukturgleichungsmodellen)
SD	Standardabweichung
SE	Standardfehler
SRMR	Residualdiskrepanzwurzel (Maß für den Modellfit bei Strukturgleichungsmodellen)
t	Wert der t-Statistik
TLI	Tucker-Lewis-Index (Maß für den Modellfit bei Strukturgleichungsmodellen)
β	Beta-Wert (Standardisierter Regressionskoeffizient)
χ^2	Wert der Chi-Quadrat-Statistik

9.4 LITERATUR

Abler, B. & Kessler, H. (2009). Emotion Regulation Questionnaire – Eine deutschsprachige Fassung des ERQ von Gross und John. *Diagnostica, 55,* 144–152. doi:10.1026/0012-1924.55.3.144

Aelker, L. (2008). Uses and Gratifications-Ansatz. In N.C. Krämer, S. Schwan, D. Unz, & M. Suckfüll (Hrsg.), *Medienpsychologie: Schlüsselbegriffe und Konzepte* (S. 17–23). Stuttgart: Kohlhammer.

American Psychiatric Association. (2013). *Diagnostic and statistical manual of mental disorders (5th Edition).* Washington DC: American Psychiatric Publishing.

Amichai-Hamburger, Y. & Vinitzky, G. (2010). Social network use and personality. *Computers in Human Behavior, 26,* 1289–1295. doi:10.1016/j.chb.2010.03.018

Andreassen, C. S., Torsheim, T., Brunborg, G. S. & Pallesen, S. (2012). Development of a Facebook Addiction Scale. *Psychological Reports, 110,* 501–517. doi:10.2466/02.09.18.PR0.110.2.501-517

Armstrong, L., Phillips, J. G. & Saling, L. L. (2000). Potential determinants of heavier Internet usage. *International Journal of Human-Computer Studies, 53,* 537–550. doi:10.1006/ijhc.2000.0400

Army Individual Testbattery. (1944). *Manual of Directions and Scoring.* Washington, DC: War Department, Adjutant General's Office.

Aufenanger, S. (1997). Medienpädagogik und Medienkompetenz. Eine Bestandsaufnahme. In Enquete-Kommission Zukunft der Medien in Wirtschaft und Gesellschaft. Deutschlands Weg in die Informationsgesellschaft. Deutscher Bundestag. (Hrsg.), *Medienkompetenz im Informationszeitalter* (S. 15–22). Bonn: ZV Zeitungs-Verlag.

Baacke, D. (1999). Medienkompetenz als zentrales Operationsfeld von Projekten. In D. Baacke, S. Kornblum, & J. Lauffer (Hrsg.), *Handbuch Medien: Medienkompetenz. Modelle und Projekte* (S. 31–35). Bonn: Bundeszentrale für politische Bildung.

Baker, L. R. & Oswald, D. L. (2010). Shyness and online social networking services. *Journal of Social and Personal Relationships, 27,* 873–889. doi:10.1177/0265407510375261

Bandura, A. (2002). Social cognitive theory of mass communication. In J. Bryant & D. Zillman (Hrsg.), *Media effects: Advances in Theory and Research* (Band 2, S. 121–153). Hillsdale: Lawrence Erlbaum.

Bauman, S. & Newman, M. L. (2013). Testing assumptions about cyberbullying: Perceived distress associated with acts of conventional and cyber bullying. *Psychology of Violence, 3,* 27–38. doi:10.1037/a0029867

Bayraktar, F., Machackova, H., Dedkova, L. & Cerna, A. (2014). Cyberbullying: The discriminant factors among cyberbullies, cybervictims, and cyberbully-victims in a Czech adolescent sample. *Journal of Interpersonal Violence.* doi:10.1177/0886260514555006

Bechara, A., Damasio, A. R., Damasio, H. & Anderson, S. W. (1994). Insensitivity to future consequences following damage to human prefrontal cortex. *Cognition, 50,* 7–15. doi:10.1016/0010-0277(94)90018-3

Bechara, A., Damasio, H., Tranel, D. & Damasio, A. R. (1997). Deciding advantageously before knowing the advantageous strategy. *Science, 275,* 1293–1295. doi:10.1126/science.275. 5304.1293

Bechara, A., Tranel, D. & Damasio, H. (2000). Characterization of the decision-making deficit of patients with ventromedial prefrontal cortex lesions. *Brain: A Journal of Neurology, 123,* 2189–2202. doi:10.1093/brain/123.11.2189

Berridge, K. C., Robinson, T. E. & Aldridge, J. W. (2009). Dissecting components of reward: ‚Liking‘, ‚wanting‘, and learning. *Current Opinions in Pharmacology, 9,* 65–73. doi:10.1016/j.coph.2008.12.014

Bitkom. (2014a). Cybermobbing trifft viele Jugendliche (Presseinformation). http://www.bitkom.org/files/documents/BITKOM_Presseinfo_Internetmobbing_Jugendliche_22_09_2014.pdf

Bitkom. (2014b). Pressekonferenz – Studie „Kinder und Jugend 3.0“. http://www.bitkom.org/files/documents/BITKOM_PK_Kinder_und_Jugend_3_0.pdf

Bollmer, J. M., Harris, M. J. & Milich, R. (2006). Reactions to bullying and peer victimization: Narratives, physiological arousal, and personality. *Journal of Research in Personality, 40,* 803–828. doi:10.1016/j.jrp.2005.09.003

Borgstedt, S., Roden, I., Borchard, I., Rätz, B. & Ernst, S. (2014). DIVSI U25-Studie: Kinder, Jugendliche und junge Erwachsene in der digitalen Welt. Hamburg: SINUS-Institut Heidelberg.

Boyd, D. N. & Ellison, N. B. (2008). Social network sites: Definition, history, and scholarship. *Journal of Computer-Mediated Communication, 13,* 210–230. doi:10.1109/EMR.2010.5559139

Brand, M., Franke-Sievert, C., Jacoby, G. E., Markowitsch, H. J. & Tuschen-Caffier, B. (2007). Neuropsychological correlates of decision making in patients with bulimia nervosa. *Neuropsychology, 21,* 742–750. doi:10.1037/0894-4105.21.6.742

Brand, M., Fujiwara, E., Borsutzky, S., Kalbe, E., Kessler, J. & Markowitsch, H. J. (2005). Decision-making deficits of korsakoff patients in a new gambling task with explicit rules: Associations with executive functions. *Neuropsychology, 19,* 267–277. doi:10.1037/0894-4105.19.3.267

Brand, M., Kalbe, E., Labudda, K., Fujiwara, E., Kessler, J. & Markowitsch, H. J. (2005). Decision-making impairments in patients with pathological gambling. *Psychiatry Research, 133,* 91–99. doi:10.1016/j.psychres.2004.10.003

Brand, M., Labudda, K. & Markowitsch, H. J. (2006). Neuropsychological correlates of decision-making in ambiguous and risky situations. *Neural Networks, 19,* 1266–1276. doi:10.1016/j.neunet.2006.03.001

Brand, M. & Laier, C. (2013). Neuropsychologie der pathologischen Internetnutzung. *Sucht, 59,* 143–152. doi:10.1024/0939-5911.a000246

Brand, M., Laier, C. & Young, K. S. (2014). Internet addiction: Coping styles, expectancies, and treatment implications. *Frontiers in Psychology, 5.* doi:10.3389/fpsyg.2014.01256

Brand, M., Recknor, E. C., Grabenhorst, F. & Bechara, A. (2007). Decisions under ambiguity and decisions under risk: Correlations with executive functions and comparisons of two different gambling tasks with implicit and explicit rules. *Journal of Clinical and Experimental Neuropsychology, 29,* 86–99. doi:10.1080/13803390500507196

Brand, M., Roth-Bauer, M., Driessen, M. & Markowitsch, H. J. (2008). Executive functions and risky decision-making in patients with opiate dependence. *Drug and Alcohol Dependence, 97*, 64–72. doi:10.1016/j.drugalcdep.2008.03.017

Brand, M., Young, K. S. & Laier, C. (2014). Prefrontal control and Internet addiction: A theoretical model and review of neuropsychological and neuroimaging findings. *Frontiers in Human Neuroscience, 8*. doi:10.3389/fnhum.2014.00375

Brandtzæg, P. B. & Heim, J. (2009). Why people use social networking sites. In A. A. Ozok & P. Zaphiris (Hrsg.), *Online Communities and Social Computing* (S. 143–152). Berlin: Springer.

Brenner, V. (1997). Psychology of computer use: XLVII. Parameters of Internet use, abuse and addiction: The first 90 days of the Internet Usage Survey. *Psychological Reports, 80*, 879–882. doi:10.2466/pr0.1997.80.3.879

Brickenkamp, R. (1962). *Test d2 – Aufmerksamkeits-Belastungs-Test*. Göttingen: Hogrefe.

Buckingham, D. (2008). *Defining digital literacy – What young people need to know about digital media*. New York: Peter Lang.

Byun, S., Ruffini, C., Mills, J. E., Douglas, A. C., Niang, M., Stepchenkova, S., … Blanton, M. (2009). Internet addiction: Metasynthesis of 1996–2006 quantitative research. *Cyberpsychology & Behavior, 12*, 203–207. doi:10.1089/cpb.2008.0102

Campbell, M., Spears, B., Slee, P., Butler, D. & Kift, S. (2012). Victims' perceptions of traditional and cyberbullying, and the psychosocial correlates of their victimisation. *Emotional and Behavioural Difficulties, 17*, 389–401. doi:10.1080/13632752.2012.704316

Caplan, S. E. (2002). Problematic Internet use and psychosocial well-being: Development of a theory-based cognitive-behavioral measurement instrument. *Computers in Human Behavior, 18*, 553–575. doi:10.1016/S0747-5632(02)00004-3

Caplan, S. E. (2007). Relations among loneliness, social anxiety, and problematic Internet use. *Cyberpsychology & Behavior, 10*, 234–242. doi:10.1089/cpb.2006.9963

Carter, B. L. & Tiffany, S. T. (1999). Meta-analysis of cue-reactivity in addiction research. *Addiction, 94*, 327–340. doi:10.1046/j.1360-0443.1999.9433273.x

Cassidy, W., Brown, K. & Jackson, M. (2012). ‚Under the radar': Educators and cyberbullying in schools. *School Psychology International, 33*, 520–532. doi:10.1177/0143034312445245

Cassidy, W., Jackson, M. & Brown, K. (2009). Sticks and stones can break my bones, but how can pixels hurt me?: Students' experiences with cyber-bullying. *School Psychology International, 30*, 383–402. doi:10.1177/0143034309106948

Chak, K. & Leung, L. (2004). Shyness and locus of control as predictors of Internet addiction and Internet use. *Cyberpsychology & Behavior, 7*, 559–570. doi:10.1089/cpb.2004.7.559

Charlton, J. P. & Danforth, I. D. W. (2007). Distinguishing addiction and high engagement in the context fo online game playing. *Computers in Human Behavior, 23*, 1531–1548. doi:10.1016/j.chb.2005.07.002

Chauvin, B., Hermand, D. & Mullet, E. (2007). Risk perception and personality facets. *Risk Analysis, 27*, 171–185. doi:10.1111/j.1539-6924.2006.00867.x

Cheek, J. M. & Buss, A. H. (1981). Shyness and sociability. *Journal of Personality and Social Psychology, 41*, 330–339. doi:10.1037/0022-3514.41.2.330

Cheung, C. M. K., Chiu, P.-Y. & Lee, M. K. O. (2011). Online social networks: Why do students use Facebook? *Computers in Human Behavior, 27*, 1337–1343. doi:10.1016/j.chb.2010.07.028

Chou, C., Condron, L. & Belland, J.C. (2005). A review of the research on Internet addiction. *Educational Psychology Review, 17,* 363–387. doi:10.1007/s10648-005-8138-1

Commission of the European Communities. (2007). A European approach to media literacy in the digital environment. (30.03.2015). http://eur-lex.europa.eu/LexUriServ/LexUriServ. do?uri=COM:2007:0833:FIN:EN:PDF

Cosway, R., Endler, N.S., Sadler, A.J. & Deary, I.J. (2000). The Coping Inventory for Stressful Situations: Factorial structure and associations with personality traits and psychological health. *Journal of Applied Biobehavioral Research, 5,* 121–143. doi:10.1111/j.1751-9861.2000. tb00069.x

Cowie, H., Bauman, S., Coyne, I., Myers, C., Pörhölä, M. & Almeida, A. (2013). Cyberbullying amongst university students. An emergent cause for concern? In P.K. Smith & G. Steffgen (Hrsg.), *Cyberbullying through the new media: Findings from an international network* (S. 165–177). London, New York: Psychology Press.

Davis, R.A. (2001). A cognitive-behavioral model of pathological Internet use. *Computers in Human Behavior, 17,* 187–195. doi:10.1016/S0747-5632(00)00041-8

Davis, R.A., Flett, G.L. & Besser, A. (2002). Validation of a new scale for measuring problematic Internet use: Implications for pre-employment screening. *Cyberpsychology & Behavior, 5,* 65–80. doi:10.1089/109493102760275581

den Hamer, A.H. & Konijn, E.A. (2015). Adolescents' media exposure may increase their cyberbullying behavior: A longitudinal study. *Journal of Adolescent Health, 56,* 203–208. doi:10.1016/j.jadohealth.2014.09.016

Derogatis, L.R. (1993). *BSI: Brief Symptom Inventory (Manual).* Minneapolis: National Computer Systems.

Didden, R., Scholte, R.H.J., Korzilius, H., De Moor, J.M.H., Vermeulen, A., O'Reilly, M., … Lancioni, G.E. (2009). Cyberbullying among students with intellectual and developmental disability in special education settings. *Developmental Neurorehabilitation, 12,* 146–151. doi:10.1080/17518420902971356

Dilmac, B. (2009). Psychological needs as a predictor of cyber bullying: A preliminary report on college students. *Educational Sciences: Theory and Practice, 9,* 1307–1325.

Dinakar, K., Jones, B., Havasi, C., Lieberman, H. & Picard, R. (2012). Common sense reasoning for detection, prevention, and mitigation of cyberbullying. *ACM Transactions on Interactive Intelligent Systems, 2,* 1–30. doi:10.1145/2362394.2362400

Dong, G., Lu, Q., Zhou, H. & Zhao, X. (2010). Impulse inhibition in people with Internet addiction disorder: Electrophysiological evidence from a Go/NoGo study. *Neuroscience Letters, 485,* 138–142. doi:10.1016/j.neulet.2010.09.002

Döring, N. (2003). *Sozialpsychologie des Internet. Die Bedeutung des Internet für Kommunikationsprozesse, Identitäten, soziale Beziehungen und Gruppen.* Göttingen: Hogrefe.

Drechsler, R. (2007). Exekutive Funktionen. *Zeitschrift für Neuropsychologie, 18,* 233–248. doi:10.1024/1016-264X.18.3.233

Dunn, B.D., Dalgleish, T. & Lawrence, A.D. (2006). The somatic marker hypothesis: A critical evaluation. *Neuroscience and Biobehavioral Reviews, 30,* 239–271. doi:10.1016/j. neubiorev.2005.07.001

Ebeling-Witte, S., Frank, M. L. & Lester, D. (2007). Shyness, Internet use, and personality. *Cyberpsychology & Behavior, 10*, 713–716. doi:10.1089/cpb.2007.9964

Faucher, C., Jackson, M. & Cassidy, W. (2014). Cyberbullying among university students: Gendered experiences, impacts, and perspectives. *Education Research International, 2014.* doi:10.1155/2014/698545

Fawzi, N. (2009). *Cyber-Mobbing – Ursachen und Auswirkungen von Mobbing im Internet.* Baden-Baden: Nomos Verlagsgesellschaft.

Feierabend, S., Karg, U. & Rathgeb, T. (2012). JIM 2012 – Jugend, Information, (Multi-) Media. Basisstudie zum Medienumgang 12- bis 19-Jähriger in Deutschland. In P. Behrens & T. Rathgeb (Eds.). Stuttgart: Medienpädagogischer Forschungsverband Südwest (LFK, LMK).

Feierabend, S., Karg, U. & Rathgeb, T. (2013). 15 Jahre JIM-Studie. Jugend, Information, (Multi-) Media. Studienreihe zum Medienumgang 12- bis 19-Jähriger. In T. Rathgeb, P. Behrens, & W. Klinger (Eds.), *JIM-Studie: Jugend, Information, (Multi-) Media.* Stuttgart: Medienpädagogischer Forschungsverband Südwest (LFK, LMK).

Feierabend, S., Plankenhorn, T. & Rathgeb, T. (2014). JIM 2014 – Jugend, Information, (Multi-) Media. Basisuntersuchung zum Medienumgang 12- bis 19-jähriger. In P. Behrens & T. Rathgeb (Eds.). Stuttgart: Medienpädagogischer Forschungsverband Südwest (LFK, LMK).

Festl, R. & Quandt, T. (2013). Social relations and cyberbullying: The Influence of individual and structural attributes on victimization and perpetration via the Internet. *Human Communication Research, 39,* 101–126. doi:10.1111/j.1468-2958.2012.01442.x

Floros, G. D., Siomos, K. E., Fisoun, V., Dafouli, E. & Geroukalis, D. (2013). Adolescent online cyberbullying in Greece: The impact of parental online security practices, bonding, and online impulsiveness. *The Journal of School Health, 83,* 445–453. doi:10.1111/josh.12049M

Francisco, S. M., Veiga Simão, A. M., Ferreira, P. C. & Martins, M. J. D. D. (2015). Cyberbullying: The hidden side of college students. *Computers in Human Behavior, 43,* 167–182. doi:10.1016/j.chb.2014.10.045

Franke, G. H. (2000). *Brief Symptom Invertory von L. R. Derogatis (Kurzform der SCL-90-R) – Deutsche Version.* Göttingen: Beltz Test GmbH.

Fydrich, T., Geyer, M., Hessel, A., Sommer, G. & Brähler, W. (1999). Fragebogen zur Sozialen Unterstützung (F-SozU): Normierung an einer repräsentativen Stichprobe. *Diagnostica, 45,* 212–216. doi:10.1026//0012-1924.45.4.212

Glotz, P. (2001). Medienkompetenz als Schlüsselfunktion. In I. Hamm (Hrsg.), *Medienkompetenz. Wirtschaft, Wissen, Wandel* (S. 16–35). Gütersloh: Verlag Bertelsmann Stiftung.

Goudriaan, A. E., de Ruiter, M. B., van den Brink, W., Oosterlaan, J. & Veltman, D. J. (2010). Brain activation patterns associated with cue reactivity and craving in abstinent problem gamblers, heavy smokers and healthy controls: An fMRI study. *Addiction Biology, 15,* 491–503. doi:10.1111/j.1369-1600.2010.00242.x

Goudriaan, A. E., Grekin, E. R. & Sher, K. J. (2011). Decision making and response inhibition as predictors of heavy alcohol use: A prospective study. *Alcoholism, Clinical and Experimental Research, 35,* 1050–1057. doi:10.1111/j.1530-0277.2011.01437.x

Griffiths, M. (2000). Does Internet and computer „addiction" exist? Some case study evidence. *Cyberpsychology & Behavior, 3,* 211–218. doi:10.1089/109493100316067

Griffiths, M. (2005). A ‚components' model of addiction within a biopsychosocial framework. *Journal of Substance Use, 10,* 191–197. doi:10.1080/14659890500114359

Groeben, N. (2002). Dimensionen der Medienkompetenz: Deskriptive und normative Aspekte. In N. Groeben & B. Hurrelmann (Hrsg.), *Medienkompetenz. Voraussetzungen, Dimensionen, Funktionen* (S. 160–197). Weinheim, München: Juventa.

Groeben, N. (2004). Medienkompetenz. In R. Mangold, P. Vorderer, & G. Bente (Hrsg.), *Lehrbuch der Medienpsychologie* (S. 27–50). Göttingen: Hogrefe.

Hahn, A. & Jerusalem, M. (2010). Die Internetsuchtskala (ISS): Psychometrische Eigenschaften und Validität. In D. Mücken, A. Teske, F. Rehbein, & B. T. te Wildt (Hrsg.), *Prävention, Diagnostik und Therapie von Computerspielabhängigkeit* (Band 1996, S. 185–204). Lengerich: Pabst Science Publishers.

Hansen, S. (2002). Excessive Internet usage or ‚Internet Addiction'? The implications of diagnostic categories for student users. *Journal of Computer Assisted Learning, 18,* 235–236. doi:10.1046/j.1365-2729.2002.t01-2-00230.x

Hardie, E. & Tee, M. Y. (2007). Excessive Internet use: The role of personality, loneliness, and social support networks in Internet addiction. *Australian Journal of Emerging Technologies and Society, 5,* 34–47.

Haynie, D. L., Eitel, P., Saylor, K., Yu, K. & Simons-Morton, B. (2001). Bullies, victims, and bully/victims: Distinct groups of at-risk youth. *Journal of Early Adolescence, 21,* 29–49. doi:10.1177/0272431601021001002

Heirman, W. & Walrave, M. (2012). Predicting adolescent perpetration in cyberbullying: An application of the theory of planned behavior. *Psicothema, 24,* 614–620.

Hobbs, R. (2006). Reconceptualizing media literacy for the digital age. In A. Martin & D. Madigan (Hrsg.), *Digital literacies for learning* (S. 99–109). London: Facet.

Hong, F.-Y., Huang, D.-H., Lin, H.-Y. & Chiu, S.-L. (2014). Analysis of the psychological traits, Facebook usage, and Facebook addiction model of Taiwanese university students. *Telematics and Informatics, 31,* 597–606. doi:10.1016/j.tele.2014.01.001

Horn, W. (1983). *Leistungsprüfsystem.* Göttingen: Hogrefe.

Hunt, C., Peters, L. & Rapee, R. M. (2012). Development of a measure of the experience of being bullied in youth. *Psychological Assessment, 24,* 156–165. doi:10.1037/a0025178

Jackson, M., Cassidy, W. & Brown, K. N. (2009). „you were born ugly and youl die ugly too": Cyber-bullying as relational aggression. *In Education, 15,* 68–82.

Joinson, A. N. (2008). *Looking at, looking up or keeping up with people?: Motives and use of Facebook.* Proceedings of the SIGCHI Conference on Human Factors in Computing Systems, Florence, Italy.

Jung, Y.-E., Leventhal, B., Kim, Y. S., Park, T. W., Lee, S.-H., Lee, M., ... Park, J.-I. (2014). Cyberbullying, problematic Internet use, and psychopathologic symptoms among Korean youth. *Yonsei Medical Journal, 55,* 826–830. doi:10.3349/ymj.2014.55.3.826

Juvonen, J. & Gross, E. F. (2008). Extending the school grounds? – Bullying experiences in cyberspace. *The Journal of School Health, 78,* 496–505. doi:10.1111/j.1746-1561.2008.00335.x

Kalpidou, M., Costin, D. & Morris, J. (2011). The relationship between Facebook and the well-being of undergraduate college students. *Cyberpsychology, Behavior, and Social Networking, 14,* 183–189. doi:10.1089/cyber.2010.0061

Kardefelt-Winther, D. (2014). A conceptual and methodological critique of Internet addiction research: Towards a model of compensatory Internet use. *Computers in Human Behavior, 31,* 351–354. doi:10.1016/j.chb.2013.10.059.

Katz, E. (1959). Mass communication research and the study of culture. *Studies in Public Communication, 2,* 1–6.

Katz, E., Blumler, G. J. & Gurevich, M. (1974). Utilization of mass communication by the individual. In G. J. Blumler & E. Katz (Hrsg.), *The uses of mass communication: Current perspectives on gratifications research* (S. 19–32). Beverly Hills, CA: Sage.

Katz, E., Gurevich, M. & Haas, H. (1973). On the use of mass media for important things. *American Sociological Review, 38,* 164–181. doi:10.2307/2094393

Kaye, B. K. (1998). Uses and gratifications of the World Wide Web: From couch potato to web potato. *New Jersey Journal of Communication, 6,* 21–40. doi:10.1080/15456879809367333

Khang, H., Han, E.-K. & Ki, E.-J. (2014). Exploring influential social cognitive determinats of social media use. *Computers in Human Behavior, 26,* 48–55. doi:10.1016/j.chb.2014.03.038

Kim, J., LaRose, R. & Peng, W. (2009). Loneliness as the cause and the effect of problematic Internet use: The realtionship between Internet use and psychological well-being. *Cyberpsychology & Behavior, 12,* 451–455. doi:10.1089/cpb.2008.0327

Kittinger, R., Correia, C. J. & Irons, J. G. (2012). Relationship between Facebook use and problematic Internet use among college students. *Cyberpsychology, Behavior, and Social Networking, 15,* 324–327. doi:10.1089/cyber.2010.0410

Ko, C. H., Yen, J., Chen, S., Yang, M., Lin, H. & Yen, C. (2009). Proposed diagnostic criteria and the screening and diagnosing tool of Internet addiction in college students. *Comprehensive Psychiatry, 50,* 378–384. doi:10.1016/j.comppsych.2007.05.019

Kokkinos, C. M., Antoniadou, N., Dalara, E., Koufogazou, A. & Papatziki, A. (2013). Cyberbullying, personality and coping among pre-adolescents. *International Journal of Cyber Behavior, Psychology and Learning, 3,* 55–69. doi:10.4018/ijcbpl.2013100104

Kokkinos, C. M., Antoniadou, N. & Markos, A. (2014). Cyber-bullying: An investigation of the psychological profile of university student participants. *Journal of Applied Developmental Psychology, 35,* 204–214. doi:10.1016/j.appdev.2014.04.001

Kowalski, R. M., Giumetti, G. W., Schroeder, A. N. & Lattanner, M. R. (2014). Bullying in the digital age: A critical review and meta-analysis of cyberbullying research among youth. *Psychological Bulletin, 140,* 1073–1137. doi:10.1037/a0035618

Kowalski, R. M. & Limber, S. P. (2013). Psychological, physical, and academic correlates of cyberbullying and traditional bullying. *The Journal of Adolescent Health, 53,* 13–20. doi:10.1016/j.jadohealth.2012.09.018

Kuss, D. J. & Griffiths, M. (2011). Online social networking and addiction: A review of the psychological literatur. *International Journal of Enviromental Research and Public Health, 8,* 3528–3552. doi:10.3390/ijerph8093528

Kuss, D.J., Griffiths, M., Karila, M. & Billieux, J. (2014). Internet addiction: A systematic review of epidemiological research for the last decade. *Current Pharmaceutical Design, 20,* 4026–4052. doi:10.2174/13816128113199990617

Labudda, K., Wolf, O.T., Markowitsch, H.J. & Brand, M. (2007). Decision-making and neuroendocrine responses in pathological gamblers. *Psychiatry Research, 153,* 233–243. doi:10.1016/j.psychres.2007.02.002

Laier, C., Pawlikowski, M. & Brand, M. (2014). Sexual picture processing interferes with decision-making under ambiguity. *Archives of Sexual Behavior, 43,* 473–482. doi:10.1007/s10508-013-0119-8

Laier, C., Pawlikowski, M., Pekal, J., Schulte, F.P. & Brand, M. (2013). Cybersex addiction: Experienced sexual arousal when watching pornography and not real-life sexual contacts makes the difference. *Journal of Behavioral Addictions, 2,* 100–107. doi:10.1556/JBA.2.2013.002

Lampe, C., Wash, R., Velasquez, A. & Ozkaya, E. (2010). *Motivations to participate in online communites.* Proceedings of the SIGCHI Conference on Human Factors in Computing Systems, Atlanta, Georgia, USA.

Lappalainen, C., Meriläinen, M., Puhakka, H. & Sinkkonen, H.M. (2011). Bullying among university students – Does it exist? *Finnish Journal of Youth Research, 29,* 64–80.

LaRose, R. & Eastin, M.S. (2004). A social cognitive theory of Internet uses and gratifications: toward a new model of media attendance. *Journal of Broadcasting & Electronic Media, 48,* 358–377. doi:10.1207/s15506878jobem4803_2

LaRose, R., Mastro, D. & Eastin, M.S. (2001). Understanding Internet usage: A social-cognitive approach to uses and gratifications. *Social Science Computer Review, 19,* 395–413. doi:10.1177/089443930101900401

Lee, G., Lee, J. & Kwon, S. (2011). Use of social-networking sites and subjective well-being: A study in South Korea. *Cyberpsychology, Behavior, and Social Networking, 14,* 151–155. doi:10.1089/cyber.2009.0382

Leung, L. & Lee, P.S.N. (2011). The influences of information literacy, Internet addiction and parenting styles on Internet risks. *New Media & Society, 14,* 117–136. doi:10.1177/1461444811410406

Li, Q. (2006). Cyberbullying in schools – A research of gender differences. *School Psychology International, 27,* 157–170. doi:10.1177/01430343060xxxxx

Lin, C. (1999). Online-service adoption likelihood. *Journal of Advertising Research, 39,* 79–89.

Livingstone, S. (2004a). Media literacy and the challenge of new information and communication technologies. *The Communication Review, 1,* 3–14. doi:10.1080/10714420490280152

Livingstone, S. (2004b). What is media literacy? *Intermedia, 32,* 18–20.

Livingstone, S., Bober, M. & Helsper, E. (2005). Internet literacy among children and young people: Findings from the UK Children Go Online project. http://eprints.lse.ac.uk/397/1/UKCGOonlineLiteracy.pdf

Livingstone, S. & Helsper, E. (2009). Balancing opportunities and risks in teenagers' use of the Internet: The role of online skills and Internet self-efficacy. *New Media & Society, 12,* 309–329. doi:10.1177/1461444809342697

MacDonald, C. D. & Roberts-Pittman, B. (2010). Cyberbullying among college students: Prevalence and demographic differences. *Procedia – Social and Behavioral Sciences, 9,* 2003–2009. doi:10.1016/j.sbspro.2010.12.436

Mascheroni, G. & Cuman, A. (2014). Net children go mobile: Final report. http://www. netchildrengomobile.eu/wp-content/uploads/2013/07/NCGM_FinalReport_Country_ DEF.pdf

Meerkerk, G., van den Eijnden, R. J. J. M. & Garretsen, H. F. L. (2006). Predicting compulsive Internet use: It's all about sex! *Cyberpsychology & Behavior, 9,* 95–103. doi:10.1089/cpb. 2006.9.95

Meerkerk, G., van den Eijnden, R. J. J. M., Vermulst, A. A. & Garretsen, H. F. L. (2009). The Compulsive Internet Use Scale (CIUS): Some psychometric properties. *Cyberpsychology & Behavior, 12,* 1–6. doi:10.1089/cpb.2008.0181

Meusch, D. (2014). Jugend 3.0 – abgetaucht nach Digitalien? TK-Studie zur Gesundheit und Mediennutzung von Jugendlichen. In T. Krankenkasse (Ed.). Hamburg: Techniker Krankenkasse.

Mishna, F., Cook, C., Gadalla, T., Daciuk, J. & Solomon, S. (2010). Cyber bullying behaviors among middle and high school students. *The American Journal of Orthopsychiatry, 80,* 362–374. doi:10.1111/j.1939-0025.2010.01040.x

Mishna, F., Khoury-Kassabri, M., Gadalla, T. & Daciuk, J. (2012). Risk factors for involvement in cyber bullying: Victims, bullies and bully-victims. *Children and Youth Services Review, 34,* 63–70. doi:10.1016/j.childyouth.2011.08.032

Moore, K. & McElroy, J. C. (2012). The influence of personality on Facebook usage, wall postings, and regret. *Computers in Human Behavior, 28,* 267–274. doi:10.1016/j.chb.2011. 09.009

National Union of Students (NUS). (2008). NUS Student Experience Report. London, UK: National Union of Students (NUS),.

Nelson, H. E. (1976). A modified card sorting test sensitive to frontal lobe defects. *Cortex, 12,* 313–324.

Norris, P. (2001). *Digital divide: Civic engagement, information poverty, and the Internet worldwide.* Cambridge: Cambridge University Press.

Olweus, D. (1993). *Bullying at school – What we know and what we can do.* Oxford: Wiley-Blackwell.

Ong, E. Y. L., Ang, R. P., Ho, J. C. M., Lim, J. C. Y., Goh, D. H., Lee, C. S. & Chua, A. Y. K. (2011). Narcissism, extraversion and adolescents' self-presentation on Facebook. *Personality and Individual Differences, 50,* 180–185. doi:10.1016/j.paid.2010.09.022

Orr, E. S., Sisic, M., Ross, C., Simmering, M. G., Arseneault, J. M. & Orr, R. R. (2009). The influence of shneyy on the use of Facebook in an undergraduate sample. *Cyberpsychology & Behavior, 12,* 337–340. doi:10.1089/cpb.2008.0214

Ortega, R., Elipe, P., Mora-Merchán, J. A., Calmaestra, J. & Vega, E. (2009). The emotional impact on victims of traditional bullying and cyberbullying. *Journal of Psychology, 217,* 197–204. doi:10.1027/0044-3409.217.4.197

Palmgreen, P. & Rayburn, J. D. (1982). Gratifications sought and media exposure: an expectancy value model. *Communications Research, 9,* 561–580. doi:10.1177/009365082009004004M

Palmgreen, P. & Rayburn, J. D. (1985). An expectancy-value approach to media gratifications. In K. E. Rosengren & L. A. Palmgreen (Hrsg.), *Media gratifications research: Current perspectives* (S. 61–72). Beverly Hills: Sage.

Papacharissi, Z. & Mendelson, A. (2011). Toward a new(er) sociability: Uses, gratifications, and social capital on Facebook. In S. Papathanassopoulos (Hrsg.), *Media perspectives for the 21st century* (S. 212–230). New York: Routledge.

Park, S., Na, E.-Y. & Kim, E.-M. (2014). The relationship between online activities, netiquette and cyberbullying. *Children and Youth Services Review, 42*, 74–81 s. doi:10.1016/j.childyouth.2014.04.002

Parker, B. J. & Plank, R. E. (2000). A uses and gratifications perspective on the Internet as a new information source. *American Business Review, 18*, 43–49.

Patchin, J. W. & Hinduja, S. (2006). Bullies move beyond the schoolyard: A preliminary look at cyberbullying. *Youth Violence and Juvenile Justice, 4*, 148–169. doi:10.1177/1541204006286288

Patchin, J. W. & Hinduja, S. (2010). Cyberbullying and self-esteem. *The Journal of School Health, 80*, 614–621. doi:10.1111/j.1746-1561.2010.00548.x

Pawlikowski, M., Altstötter-Gleich, C. & Brand, M. (2013). Validation and psychometric properties of a short version of Young's Internet Addiction Test. *Computers in Human Behavior, 29*, 1212–1223. doi:10.1016/j.chb.2012.10.014

Pawlikowski, M. & Brand, M. (2011). Excessive Internet gaming and decision making: Do excessive World of Warcraft-players have problems in decision making under risky conditions? *Psychiatry Research, 188*, 428–433. doi:10.1016/j.psychres.2011.05.017

Pawlikowski, M., Nader, I. W., Burger, C., Biermann, I., Stieger, S. & Brand, M. (2014). Pathological Internet use – It is a multidimensional and not a unidimensional construct. *Addiction Research & Theory, 22*, 166–175. doi:10.3109/16066359.2013.793313

Pellegrini, A. D., Bartini, M. & Brooks, F. (1999). School bullies, victims, and aggressive victims: Factors relating to group affiliation and victimization in early adolescence. *Journal of Educational Psychology, 91*, 216–224. doi:10.1037/0022-0663.91.2.216

Pontzer, D. (2009). A theoretical test of bullying behavior: Parenting, personality, and the bully/victim relationship. *Journal of Family Violence, 25*, 259–273. doi:10.1007/s10896-009-9289-5

Prensky, M. (2001). Digital natives, digital immigrants Part 1. *On The Horizon, 9*, 1–6. doi:10.1108/10748120110424816

Raacke, J. & Bonds-Raacke, J. (2008). MySpace and Facebook: Applying the uses and gratifications theory to exploring friend-networking sites. *Cyberpsychology & Behavior, 11*, 169–174. doi:10.1089/cpb.2007.0056

Rammstedt, B. & John, O. P. (2007). Measuring personality in one minute or less: A 10-item short version of the Big Five Inventory in English and German. *Journal of Research in Personality, 41*, 203–212. doi:10.1016/j.jrp.2006.02.001

Rayburn, J. D. & Palmgreen, P. (1984). Merging uses and gratifications and expectancy-value theory. *Communications Research, 11*, 537–562. doi:10.1177/009365084011004005

Richter, T., Naumann, J. & Groeben, N. (2001). Das Inventar zur Computerbildung (INCOBI): Ein Instrument zur Erfassung von Computer Literacy und computerbezogenen Einstellungen bei Studierenden der Geistes- und Sozialwissenschaften. *Psychologie in Erziehung und Unterricht, 48,* 1–13.

Riebel, J., Jäger, R. S. & Fischer, U. C. (2009). Cyberbullying in Germany – An exploration of prevalence, overlapping with real life bullying and coping strategies. *Psychology Science Quarterly, 51,* 298–314.

Robinson, T. E. & Berridge, K. C. (2008). The Incentive Sensitization Theory of Addiction: Some current issues. *Philosophical Transactions of the Royal Society B: Biological Sciences, 363,* 3137–3146. doi:10.1098/rstb.2008.0093

Ross, C., Orr, E. S., Sisic, M., Arseneault, J. M., Simmering, M. G. & Orr, R. R. (2009). Personality and motivations associated with Facebook use. *Computers in Human Behavior, 25,* 578–586. doi:10.1016/j.chb.2008.12.024

Rumpf, H.-J., Meyer, C., Kreuzer, A. & John, U. (2011). Prävalenz der Internetabhängigkeit. Bericht an das Bundesministerium für Gesundheit. http://www.drogenbeauftragte.de/fileadmin/dateien-dba/DrogenundSucht/Computerspiele_Internetsucht/Downloads/PINTA-Bericht-Endfassung_280611.pdf

Ryan, T., Chester, A., Reece, J. & Xenos, S. (2014). The uses and abuses of Facebook: A review of Facebook addiction. *Journal of Behavioral Addictions, 3,* 133–148. doi:10.1556/JBA.3.2014.016

Ryan, T. & Xenos, S. (2011). Who uses Facebook? An investigation into the relationship between the Big Five, shyness, narcissism, loneliness, and Facebook usage. *Computers in Human Behavior, 27,* 1658–1664. doi:10.1016/j.chb.2011.02.004

Schmidt, J.-H., Paus-Hasebrink, I. & Hasebrink, U. (2009). *Heranwachsen mit dem Social Web: Zur Rolle von Web 2.0-Angeboten im Alltag von Jugendlichen und jungen Erwachsenen* (Band 62). Düsseldorf: Landesanstalt für Medien Nordrhein-Westfalen (LfM).

Schumacher, P. & Morahan-Martin, J. (2001). Gender, Internet and computer attitudes and experiences. *Computers in Human Behavior, 17,* 95–110. doi:10.1016/S0747-5632(00)00032-7

Schürmann, S. (2013). IP Trendline: Sonderwelle Social Media *IP Trendline*. Köln: IP Deutschland.

Selkie, E. M., Kota, R., Chan, Y.-F. & Moreno, M. (2015). Cyberbullying, depression, and problem alcohol use in female college students: A multisite study. *Cyberpsychology, Behavior, and Social Networking, 18,* 79–86. doi:10.1089/cyber.2014.0371

Sheldon, P. (2013). Voices that cannot be heard: Can shyness explain how we communicate on Facebook versus face-to-face? *Computers in Human Behavior, 29,* 1402–1407. doi:10.1016/j.chb.2013.01.016

Slonje, R. & Smith, P. K. (2008). Cyberbullying: Another main type of bullying? *Scandinavian Journal of Psychology, 49,* 147–154. doi:10.1111/j.1467-9450.2007.00611.x

Slonje, R., Smith, P. K. & Frisén, A. (2013). The nature of cyberbullying, and strategies for prevention. *Computers in Human Behavior, 29,* 26–32. doi:10.1016/j.chb.2012.05.024

Smith, E. E. & Jonides, J. (1999). Storage and executive processes in the frontal lobes. *Science, 283,* 1657–1661. doi:10.1126/science.283.5408.1657

Smith, P.K., Mahdavi, J., Carvalho, M., Fisher, S., Russell, S. & Tippett, N. (2008). Cyberbullying: Its nature and impact in secondary school pupils. *Journal of Child Psychology and Psychiatry, 49*, 376–385. doi:10.1111/j.1469-7610.2007.01846.x

Smock, A.D., Ellison, N.B., Lampe, C. & Wohn, D.Y. (2011). Facebook as a toolkit: A uses and gratification approach to unbundling feature use. *Computers in Human Behavior, 27*, 2322–2329. doi:10.1016/j.chb.2011.07.011

Song, I., LaRose, R., Eastin, M.S. & Lin, C.A. (2004). Internet gratifications and Internet addiction: On the uses and abuses of new media. *Cyberpsychology & Behavior, 7*, 384–394. doi:10.1089/cpb.2004.7.384

Sourander, A., Brunstein Klomek, A., Ikonen, M., Lindroos, J., Luntamo, T., Koskelainen, M., … Klomek, A.B. (2010). Psychosocial risk factors associated with cyberbullying among adolescents: A population-based study. *Archives of General Psychiatry, 67*, 720–728. doi:10.1001/archgenpsychiatry.2010.79

Statista. (2015). Anzahl der monatlich aktiven Facebook-Nutzer weltweit von 2008 bis zum 3. Quartal 2014 (in Millionen). Abgerufen am 30.03.2015, von http://de.statista.com/statistik/daten/studie/37545/umfrage/anzahl-der-aktiven-nutzer-von-facebook/

Steinfield, C., Ellison, N.B. & Lampe, C. (2008). Social capital, self-esteem, and use of online social network sites: A longitudinal analysis. *Journal of Applied Developmental Psychology, 29*, 434–445. doi:10.1016/j.appdev.2008.07.002

Stephenson, P. & Smith, D. (1989). Bullying in the junior school. In D.P.Tattum & D.A. Lane (Hrsg.), *Bullying in schools* (S.45–57). Stoke-on-Trent, England: Trentham Books.

Stodt, B., Wegmann, E. & Brand, M. (unter Begutachtung). Predicting dysfunctional Internet use: The role of personal factors and Internet literacy on Internet addiction and cyberbullying.

Strittmatter, E., Brunner, R., Fischer, G., Parzer, P., Resch, F. & Kaess, M. (2014). Der Zusammenhang von Mobbingerfahrungen, Copingstilen und pathologischem Internetgebrauch bei Jugendlichen. *Zeitschrift für Kinder- und Jugendpsychiatrie und Psychotherapie, 42*, 85–94. doi:10.1024/1422-4917/a000275

Suler, J. (2004). The Online Disinhibition Effect. *Cyberpsychology & Behavior, 7*, 321–326. doi:10.1089/1094931041291295

Sun, D.-L., Chen, Z.-J., Ma, N., Zhang, X.-C., Fu, X.-M. & Zhang, D.-R. (2009). Decision-making and prepotent response inhibition functions in excessive Internet users. *CNS Spectrums, 14*, 75–81.

Szczegielniak, A., Palka, J. & Krysta, K. (2013). Problems associated with the use of social networks: A pilot study. *Psychiatria Danubina, 25*, 212–215.

Tani, F., Greenman, P.S., Schneider, B.H. & Fregoso, M. (2003). Bullying and the Big Five: A study of childhood personality and participant roles in bullying incidents. *School Psychology International, 24*, 131–146. doi:10.1177/0143034303024002001

Thatcher, A. & Goolam, S. (2005). Development and psychometric properties of the Problematic Internet Use Questionnaire. *South African Journal of Psychology, 35*, 793–809. doi:10.1177/008124630503500410

Thatcher, A., Wretschko, G. & Fridjhon, P. (2008). Online flow experiences, problematic Internet use and Internet procrastination. *Computers in Human Behavior, 24,* 2236–2254. doi:10.1016/j.chb.2007.10.008

Theunert, H. & Schorb, B. (2010). Sozialisation, Medienaneignung und Medienkompetenz in der mediatisierten Gesellschaft. In M. Hartmann & A. Hepp (Hrsg.), *Die Mediatisierung der Alltagswelt* (S. 243–254). Wiesbaden: VS Verlag für Sozialwissenschaften.

Tokunaga, R. S. (2010). Following you home from school: A critical review and synthesis of research on cyberbullying victimization. *Computers in Human Behavior, 26,* 277–287. doi:10.1016/j.chb.2009.11.014

Trepte, S. (2008). Medienkompetenz. In N. Krämer, S. Schwan, D. Unz, & M. Suckfull (Hrsg.), *Medienpsychologie. Schlüsselbegriffe und Konzepte* (S. 102–107). Stuttgart: Kohlhammer.

Valkenburg, P. M., Peter, J. & Schouten, A. P. (2006). Friend networking sites and their relationship to adolescents' well-being and social self-esteem. *Cyberpsychology & Behavior, 9,* 584–590. doi:10.1089/cpb.2006.9.584

van Deursen, A. J. A. M. (2010). *Internet skills. Vital assets in an information society.* University of Twente, Enschede.

van Eimeren, B. & Frees, B. (2014). 79 % der Deutschen online – Zuwachs bei mobiler Internetnutzung und Bewegtbild *Media Perspektiven* (Band 7–8, S. 378–396): ARD/ZDF.

Vandebosch, H. & Van Cleemput, K. (2008). Defining cyberbullying: A qualitative research into the perceptions of youngsters. *Cyberpsychology & Behavior, 11,* 499–503. doi:10.1089/cpb.2007.0042

Vanwynsberghe, H., Boudry, E. & Verdegem, P. (2011). Mapping social media literacy. Towards a conceptual framework. http://emsoc.be/wp-content/uploads/2012/01/emsoc-WP2-MICT-deliverable1_14.pdf

Varjas, K., Talley, J., Meyers, J., Parris, L. & Cutts, H. (2010). High school students' perceptions of motivations for cyberbullying: An exploratory study. *Western Journal of Emergency Medicine, 11,* 269–273. doi:10.1177/0044118x11398881

Verdejo-García, A., Bechara, A., Recknor, E. C. & Pérez-García, M. (2006). Executive dysfunction in substance dependent individuals during drug use and abstinence: An examination of the behavioral, cognitive and emotional correlates of addiction. *Journal of the International Neuropsychological Society, 12,* 405–415. doi:10.1017/S1355617706060486M

Verdejo-García, A., Bechara, A., Recknor, E. C. & Pérez-García, M. (2007). Negative emotion-driven impulsivity predicts substance dependence problems. *Drug and Alcohol Dependence, 91,* 213–219. doi:10.1016/j.drugalcdep.2007.05.025

Verdejo-García, A., Del Mar Sánchez-Fernández, M., Alonso-Maroto, L. M., Fernández-Calderón, F., Perales, J. C., Lozano, O. & Pérez-García, M. (2010). Impulsivity and executive functions in polysubstance-using rave attenders. *Psychopharmacology, 210,* 377–392. doi:10.1007/s00213-010-1833-8

Vieno, A., Gini, G., Lenzi, M., Pozzoli, T., Canale, N. & Santinello, M. (2014). Cybervictimization and somatic and psychological symptoms among Italian middle school students. *European Journal of Public Health, 8,* 1–5. doi:10.1093/eurpub/cku191

Völlink, T., Bolman, C. A.W., Dehue, F. & Jacobs, N. C. L. (2013). Coping with cyberbullying: Differences between victims, bully-victims and children not involved in bullying. *Journal of Community & Applied Social Psychology, 23*, 7–24. doi:10.1002/casp.2142

Waasdorp, T. E. & Bradshaw, C. P. (2015). The overlap between cyberbullying and traditional bullying. *Journal of Adolescent Health.* doi:10.1016/j.jadohealth.2014.12.002

Walrave, M. & Heirman, W. (2011). Cyberbullying: Predicting victimisation and perpetration. *Children & Society, 25*, 59–72. doi:10.1111/j.1099-0860.2009.00260.x

Washington, E. T. (2014). An overview of cyberbullying in higher education. *Adult Learning, 26*, 21–27. doi:10.1177/1045159514558412.

Wegmann, E., Stodt, B. & Brand, M. (im Druck). Addictive use of social networking sites can be explained by the interaction of Internet use expectancies, Internet literacy, and psychopathological symptoms. *Journal of Behavioral Addictions.*

Weinstein, A. & Lejoyeux, M. (2010). Internet addiction or excessive Internet use. *American Journal of Drug and Alcohol Abuse, 36*, 277–283. doi:10.3109/00952990.2010.491880

Whang, L. S. M., Lee, S. & Chang, G. (2003). Internet over-users' psychological profiles: A behavior sampling analysis on Internet addiction. *Cyberpsychology & Behavior, 6*, 143–150. doi:10.1089/109493103321640338

Widyanto, L. & Griffiths, M. (2006). ‚Internet Addiction': A critical review. *International Journal of Mental Health and Addiction, 4*, 31–51. doi:10.1007/s11469-006-9009-9

Widyanto, L., Griffiths, M., Brunsden, V. & McMurran, M. (2008). The psychometric properties of the Internet Related Problem Scale: A pilot study. *International Journal of Mental Health and Addiction, 6*, 205–213. doi:10.1007/s11469-007-9120-6

Widyanto, L. & McMurran, M. (2004). The psychometric properties of the Internet Addiction Test. *Cyberpsychology & Behavior, 7*, 443–450. doi:10.1089/cpb.2004.7.443

Wolak, J., Mitchell, K. & Finkelhor, D. (2007). Unwanted and wanted exposure to online pornography in a national sample of youth Internet users. *Pediatrics, 119*, 247–257. doi:10.1542/peds.2006-1891

Wolff, T. (2011). *Was Schüler im Internet tun … und Lehrer darüber wissen sollten.* Weinheim, Basel: Beltz-Verlag.

Wölfling, K., Beutel, M. E. & Müller, K.W. (2012). Construction of a standardized clinical interview to assess Internet addiction: First findings regarding the usefulness of AICA-C. *Journal of Addiction Research and Therapy*, S6-003. doi:10.4172/2155-6105.S6-003

Wölfling, K., Müller, K.W. & Beutel, M. E. (2010). Diagnostic measures: Scale for the Assessment of Internet and Computer Game Addiction (AICA-S). In D. Mücken, A. Teske, F. Rehbein, & B. te Wildt (Hrsg.), *Prevention, diagnostics, and therapy of computer game additcion* (S. 212–215). Lengerich: Pabst Science Publishers.

Wu, A. M. S., Cheung, V. I., Ku, L. & Hung, E. P.W. (2013). Psychological risk factors of addiction to social networking sites among Chinese smartphone users. *Journal of Behavioral Addictions, 2*, 160–166. doi:10.1556/JBA.2.2013.006

Yang, C., Choe, B., Baity, M., Lee, J. & Cho, J. (2005). SCL-90-R and 16PF profiles of senior high school students with excessive Internet use. *Canadian Journal of Psychiatry, 50*, 407–414.

Ybarra, M. L. (2004). Linkages between depressive symptomatology and Internet harassment among young regular Internet users. *Cyberpsychology & Behavior, 7,* 247–257. doi:10.1089/109493104323024500

Ybarra, M. L., Diener-West, M. & Leaf, P. J. (2007). Examining the overlap in Internet harassment and school bullying: Implications for school intervention. *Journal of Adolescent Health, 41,* 42–50. doi:10.1016/j.jadohealth.2007.09.004

Young, K. S. (1996). Addictive use of the Internet: A case that breaks the stereotype. *Psychological Reports, 79,* 899–902.

Young, K. S. (1998a). *Caught in the net: How to recognize the signs of Internet addiction – and a winning strategy for recovery.* New York: John Wiley & Sons, Inc.

Young, K. S. (1998b). Internet addiction: The emergence of a new clinical disorder. *Cyberpsychology & Behavior, 3,* 237–244. doi:10.1089/cpb.1998.1.237

Young, K. S. (2004). Internet Addiction: A new clinical phenomenon and its consequences. *American Behavioral Scientist, 48,* 402–415.

Young, K. S., Pistner, M., O'Mara, J. & Buchanan, J. (1999). Cyber disorders: The mental health concern for the new millennium. *Cyberpsychology & Behavior, 2,* 475–479. doi:10.1089/cpb.1999.2.475

Zhou, Z.-H., Yuan, G.-Z., Yao, J.-J., Li, C. & Cheng, Z.-H. (2010). An event-related potential investigation of deficient inhibitory control in individuals with pathological Internet use. *Acta Neuropsychiatrica, 22,* 228–236. doi:10.1111/j.1601-5215.2010.00444.x

9.5 ABBILDUNGS- UND TABELLENVERZEICHNIS

Abbildungen

Tabellen

10 DANKSAGUNG

Die vorliegende Arbeit ist im Rahmen des Kooperationsprojekts „Internetnutzungskompetenz als Determinante einer dysfunktionalen Internetnutzung am Beispiel von Internetsucht und Internetmobbing" zwischen der Landesanstalt für Medien in Nordrhein-Westfalen unter der Projektleitung von Mechthild Appelhoff und Dr. Meike Isenberg sowie dem Fachgebiet Allgemeine Psychologie: Kognition der Universität Duisburg-Essen unter der Leitung von Prof. Dr. Matthias Brand entstanden. Die operative Umsetzung erfolgte durch die wissenschaftlichen Mitarbeiter Benjamin Stodt und Elisa Wegmann. Wir danken Mechthild Appelhoff und Dr. Meike Isenberg herzlich für den inhaltlichen und konstruktiven Austausch bei der zielorientierten Projektdurchführung.

Unser Dank gilt außerdem Marco Bäumer, Ulrike Bösel und Gerrit Stöckigt für ihre Unterstützung bei der Datenerhebung und -auswertung sowie für ihren Beitrag bei der Finalisierung dieses Buches.

SCHRIFTENREIHE MEDIENFORSCHUNG
DER LANDESANSTALT FÜR MEDIEN
NORDRHEIN-WESTFALEN (LfM)

Mediennutzung junger Menschen mit Migrationshintergrund

Umfragen und Gruppendissionen mit Personen türkischer Herkunft und russischen Aussiedlern im Alter zwischen 12 und 29 Jahren in Nordrhein-Westfalen

von Joachim Trebbe, Annett Heft und Hans-Jürgen Weiß. Mitarbeit Regine Hammeran
228 Seiten, 81 Abb./Tab., DIN A5, 2010
ISBN 978-3-89158-518-4 Euro 15,- (D)

Heranwachsen mit dem Social Web

Zur Rolle von Web 2.0-Angeboten im Alltag von Jugendlichen und jungen Erwachsenen

herausgegeben von Jan-Hinrik Schmidt, Ingrid Paus-Hasebrink und Uwe Hasebrink
360 Seiten, 84 Abb./Tab., DIN A5, 2. unveränderte Auflage, April 2011
ISBN 978-3-89158-509-2 Euro 22,- (D)

Public Relations und werbliche Erscheinungsformen im Fernsehen

Eine Typologisierung persuasiver Kommunikationsangebote des Fernsehens

von Helmut Volpers, Uli Bernhard und Detlef Schnier
276 Seiten, 166 Abb./Tab., DIN A5, 2008
ISBN 978-3-89158-485-9 Euro 18,- (D)

Journalistische Recherche im Internet

Bestandsaufnahme journalistischer Arbeitsweisen in Zeitungen, Hörfunk, Fernsehen und Online

von Marcel Machill, Markus Beiler und Martin Zenker
412 Seiten, 127 Abb./Tab., DIN A5, 2. Auflage 2010
ISBN 978-3-89158-480-4 Euro 23,- (D)

Mehr Vertrauen in Inhalte

Das Potenzial von Ko- und Selbstregulierung in den digitalen Medien

herausgegeben von Wolfgang Schulz und Thorsten Held
224 Seiten, 8 Abb./Tab., DIN A5, 2008
ISBN 978-3-89158-479-8 Euro 15,- (D)

Geschlechtersensible Medienkompetenzförderung

Mediennutzung und Medienkompetenz von Mädchen und Jungen sowie medienpädagogische Handlungsmöglichkeiten

von Renate Luca und Stefan Aufenanger
268 Seiten, 33 Abb./Tab., DIN A5, 2007
ISBN 978-3-89158-468-2 Euro 18,- (D)

Bürgerfernsehen in Nordrhein-Westfalen

Eine Organisations- und Programmanalyse

herausgegeben von Helmut Volpers und Petra Werner
236 Seiten, 94 Abb./Tab., DIN A5, 2007
ISBN 978-3-89158-453-8 Euro 15,- (D)

Public Relations und werbliche Erscheinungsformen im Radio

Eine Typologisierung persuasiver Kommunikationsangebote des Hörfunks

von Helmut Volpers
264 Seiten, 97 Abb./Tab., DIN A5, 2007
ISBN 978-3-89158-449-1   Euro 18,– (D)

Geschichte im Fernsehen

Eine Untersuchung zur Entwicklung des Genres und der Gattungsästhetik geschichtlicher Darstellungen im Fernsehen 1995 bis 2003

von Edgar Lersch und Reinhold Viehoff
344 Seiten, 119 Abb./Tab., DIN A5, 2007
ISBN 978-3-89158-454-5   Euro 21,– (D)

Die Reform der Regulierung elektronischer Medien in Europa

von Alexander Roßnagel, Thomas Kleist und Alexander Scheuer
344 Seiten, 8 Tab., DIN A5, 2007
ISBN 978-3-89158-445-3   Euro 20,– (D)

Bürgerfunk in Nordrhein-Westfalen

Eine Organisations- und Programmanalyse

von Helmut Volpers, Detlef Schnier und Christian Salwiczek
220 Seiten, 97 Abb./Tab., DIN A5, 2006
ISBN 978-3-89158-420-0   Euro 15,– (D)

Suchmaschinen: Neue Herausforderungen für die Medienpolitik

herausgegeben von Marcel Machill und Norbert Schneider
200 Seiten, 65 Abb./Tab., DIN A5, 2005
ISBN 978-3-89158-410-1   Euro 15,– (D)

Suchmaschinen als Gatekeeper in der öffentlichen Kommunikation

Rechtliche Anforderungen an Zugangsoffentheit und Transparenz bei Suchmaschinen im www

von Wolfgang Schulz, Thorsten Held und Arne Laudien
132 Seiten, 5 Abb., DIN A5, 2005
ISBN 978-3-89158-408-8   Euro 9,– (D)

*Weitere Details zu allen Bänden in der
Schriftenreihe der LfM finden Sie im Internet.*

VISTAS Verlag
J. Zimmermann & T. Köhler GbR
Lößniger Straße 60b
04275 Leipzig

Telefon: 03 41/24 87 20 10
E-Mail: medienverlag@vistas.de
Internet: www.vistas.de

Der Medienverlag